PALEO
make it sweet

Für meine Kinder – ich wünsche mir, dass Ihr unsere Backnachmittage in schöner Erinnerung behaltet und dass die Freude an gutem Essen Euch ein Leben lang begleitet.

KARINE GOHR

Fotos Maria Brinkop

PALEO
make it sweet

CHRISTIAN

INHALT

VORWORT

Als Food-Redakteurin suche ich immer nach spannenden Themen. Ein Begriff fiel mir Anfang 2012 häufiger auf: Paleo. Da zeichnete sich ein neuer Trend ab. Doch was für einer? Kein Getreide! Keine Milch! Kein Soja! Wovon bitte sollte man denn leben? Ich speicherte Paleo als Crash-Diät ab ... und lag völlig falsch!

Die Paleo-Welle schwoll an, immer mehr Blogs entstanden – nicht von fitnessverrückten Magermodels, sondern von ganz normalen Frauen, geplagt von Gewichts- und Verdauungsproblemen, Hormonstörungen, Autoimmunerkrankungen, die sich durch diese verrückte Paleo-Diät offenbar in Luft auflösten. Und niemand schien Brot, Nudeln oder Milch zu vermissen. Die Alternativen triggerten meine Kochlust. Ich las von mir unbekannten Mehlsorten, von Milch aus Mandeln, Joghurt aus Kokos. Ich hatte die Tür zu einer neuen Welt aufgestoßen. Zunächst wollte ich verstehen, was Menschen dazu trieb, so gut wie alle etablierten Grundnahrungsmittel aus ihrer Küche zu verbannen, also bestellte ich die Paleo-Standardwerke (siehe Literaturliste Seite 220). Vor allem *The Paleo Solution* von Robb Wolf veränderte meine Sicht aufs Essen.

Eigentlich hatte ich gedacht, alles richtig zu machen. Ich war Vegetarierin, aß viel Tofu und trank Sojamilch. Zum Frühstück gab es Müsli, mittags Vollkornnudeln und abends Vollkornbrot. Viele Ballaststoffe, viel Obst, viel Gemüse und nur zwei Teelöffel Fett pro Tag. Trotzdem kämpfte ich mit meinem Gewicht, war dauermüde, litt unter einer Schilddrüsenunterfunktion, chronischen Bauchschmerzen, unreiner Haut und Haarausfall.

Konnte es sein, dass all die Probleme, die ich mit mir herumschleppte, mit meinen so gesunden Essgewohnheiten zu tun hatten? 30 Tage Paleo sollten es zeigen. Ich aß noch mehr Gemüse als sonst und weniger Kohlenhydrate. Nach 17 Jahren als Vegetarierin und zwei Jahren als Flexitarierin aß ich nun täglich Fisch, Fleisch und Eier. Das Ergebnis haute mich um. Schon nach einer Woche war meine Verdauung regelmäßig. Meine Haut war reiner als je zuvor. Mühelos verlor ich fünf Kilo. Für mich führte kein Weg zurück in die konventionelle Getreide-Kuhmilch-Zucker-Welt. Im Alltag esse ich Paleo-Lebensmittel, weil es mir damit besser geht. Wenn ich gelegentlich doch einmal Kuhmilchjoghurt oder Kuchen mit Weizenmehl verzehre, reagiert mein Körper postwendend negativ.

Neben reiner Haut und besserem Schlaf bemerkte ich einen weiteren Effekt: Mein Dauerhunger auf Süßes verschwand. Naschereien, die ich früher geliebt hatte, empfand ich auf einmal als unerträglich süß. Wenn ich früher einen Brownie aß, hatte ich schnell später unstillbaren Appetit auf mehr. Ein gewöhnlicher Brownie ist mir heute viel zu süß.

Aber machen wir uns nichts vor: Süßes gehört zum Leben. Selbst die überzeugtesten Paleo-Anhänger haben Lust auf Schokolade. Verlockungen begegnen uns überall: Kaffeetrinken bei Familienbesuchen, Brunch mit Freunden, Schul- oder Kindergartenfeste.

Wie wäre es, einfach mitzufeiern ohne Furcht vor Nebenwirkungen? Wie wäre es, auf einer Party ein Stück Kuchen zu genießen? Wie wäre es, den Kindern Kekse geben zu können, die gesünder sind als das übliche quietschbunt verpackte Zeug? Wie wäre es, eine Alternative zu haben, die so gut schmeckt, dass das Fehlen von Weißmehl und raffiniertem Zucker keinem auffällt, eine Alternative, die obendrein mehr Vitalstoffe und gesündere Zutaten enthält? Für mich war die Antwort klar! Es folgten viele Stunden in der Küche auf der Suche nach den leckersten Paleo-Desserts, -Kuchen und -Torten. Mein Ziel war, Rezepte zu entwickeln, die selbst den skeptischsten Paleo-Kritikern ein Seufzen entlocken.

Mit neuen Zutaten, viel Enthusiasmus und noch mehr Neugier machte ich mich also ans Werk. Wie backt es sich paleo? Kann ich die Rezepte, die mich von klein auf begleiten, meinem neuen Lebensstil anpassen? Viele Versuche gingen daneben, andere waren schon beim ersten Anlauf sensationell.

Und so bringe ich meine Kreationen mit zu jedem Fest, Picknick und Brunch. Ich stelle meine Kuchen und Desserts zu den anderen und freue mich, wenn sie genauso schnell aufgegessen sind. Und noch mehr freue ich mich, wenn ich nach dem Rezept gefragt werde. Ich teile sie gern – auf meinem Blog www.leckerpaleo.de und in diesem Buch, das mit sehr viel Liebe entstanden ist. Ich hoffe, Sie haben Spaß damit und können Ihren Liebsten viele Momente versüßen!

EINFÜHRUNG

Paleo verbinden die meisten mit viel Fleisch und Gemüse – und eventuell noch mit intensivem Sport. Doch Palo ist so viel mehr als das ... Paleo ist keine Diät sondern ein Lebensstil, der in jeder Situation umsetzbar ist. Für mich steht er für Genuss und nicht für Verzicht, und so darf es auch mal etwas Süßes sein! Schlechtes Gewissen? Pure Zeitverschwendung!

PALEO UND SÜSS?

ZUM EINSTIEG

Experten empfehlen zum Einstieg in die Paleo-Ernährung eine 30-Tage-Kur ausschließlich mit Paleo-Lebensmitteln. Dem schließe ich mich an, vor allem, weil das Aha-Erlebnis, wie sich der Körper im Laufe dieses Monats verändert, wirklich überzeugt. Um die Paleo-Ernährung für sich bewerten zu können, sollte man das erleben.

Und dank dieses Buchs gibt es nun auch während der 30-Tage-Kur Kuchen, Torten und Pudding nach Herzenslust? Nein, leider nicht! Die Rezepte in diesem Buch sind zwar mit Paleo-Zutaten gebacken oder gekocht; viele Rezepte enthalten eine versteckte Portion Gemüse oder Obst, alle sind mit gesundem Fett und weit weniger Zucker als herkömmliche Backwaren hergestellt. Aber: Ein Kuchen ist nun mal eine Süßigkeit, selbst wenn alle Zutaten Paleo sind.

Süßigkeiten sollten immer ein gelegentliches Highlight sein und kein tägliches Grundnahrungsmittel. Auch Paleo-konformer Kokosblütenzucker löst nach dem Essen eine Insulinreaktion aus, selbst wenn diese moderater ausfällt als nach dem Genuss eines Stücks Sahnetorte vom Konditor. Wer jeden Tag Paleo-Pudding, Paleo-Kekse, Paleo-Waffeln und Paleo-Torte nascht, wird sich leider nicht wirklich besser fühlen. Es ist also sinnvoll, während der ersten 30 Tage Paleo gar keine Süßigkeiten zu essen, auch keine aus diesem Buch. Das gilt ganz besonders, wenn man Gewicht verlieren möchte oder versucht, Diabetes, Insulinresistenz oder hormonelles Ungleichgewicht in den Griff zu bekommen. Man muss Stoffwechsel und Verdauung zunächst einmal die Chance geben, den Reset-Knopf zu drücken, der Zunge erlauben, Süßgeschmack neu zu bewerten und den Toleranzbereich zwischen »angenehm süß« und »unangenehm süß« neu zu definieren. Wenn das geschafft ist, öffnet »Sweet Paleo« die Tür zu einer neuen Art des Backens.

SÜSSES GEHÖRT ZUM LEBEN

Dieses Buch ist für all die gedacht, die Gluten, Laktose und Soja meiden müssen oder wollen und für Menschen, die gern gesünder und mit weniger Zucker backen und kochen möchten. »Sweet Paleo« soll dabei helfen, alle kulinarischen Situationen des Lebens unter den »Paleo-Hut« zu bekommen, sodass Ausnahmen, die Getreide und Joghurt enthalten, einem nicht mehr verlockend erscheinen, weil es noch köstlichere Ausnahmen in Paleo-Version gibt. Dieses Buch ist für die besonderen Momente im Leben gedacht, in denen wir nicht auf Süßes verzichten möchten – dabei steht der Genuss im Vordergrund, nicht die Kalorien!

Dieses Buch enthält persönliche Rezepte, wie ich sie zu Hause für meine Familie, Freunde und Kollegen zubereite. Ich bin Journalistin, keine Patissière oder Köchin. Ich habe viel ausprobiert, bis die Rezepte so waren, wie ich sie haben wollte. In meiner Küche gilt das Prinzip »trial and error«, und so mancher Versuch erwies sich als Fehler ... Dafür könnte ich jubeln, wenn ein Gebäck genau so aus dem Ofen kommt, wie ich es mir vorgestellt habe.

Ein Teil meiner Familie stammt aus Frankreich, sodass ich mit der französischen Küche und ihren Süßspeisen aufgewachsen bin. Das ist praktisch, denn so manche französischen Gebäcke und Desserts werden traditionell zum Beispiel mit Mandeln oder Speisestärke anstelle von Getreidemehl hergestellt. So konnte ich einige meiner Lieblingsrezepte in Paleo-Gerichte verwandeln, ohne viel zu verändern.

Die Lieblingstorte zum Geburtstag, Omas Plätzchen zu Weihnachten, Mamas fluffiger Hefezopf zu Ostern ... es gibt Rezepte, die zur Familientradition gehören, Geschichten erzählen und einen Teil der eigenen Identität ausmachen. Essen nährt nicht nur den Körper, sondern auch die Seele. Wir müssen essen, um zu leben. Dann soll es doch auch Spaß machen! Meine Schwester und ich bekommen heute noch glänzende Augen, wenn wir an Omas knusprige Apfelpfannkuchen denken. Ich möchte, dass auch meine Kinder sich eines Tages solche Geschichten erzählen. Ich wünsche mir, dass sie als Erwachsene den Duft von Apfelkuchen lieben, weil er sie an eine geborgene Kindheit erinnert. Vor allem wünsche ich mir natürlich, dass sie gesund aufwachsen, dass sie lernen, Süßes in Maßen zu genießen, dass sie aufhören zu essen, wenn sie satt sind, und dass sie die Signale ihres Körpers verstehen und befolgen.

Ich sehe nicht, wie ein Leben ohne Süßes in unserer Welt des Überflusses möglich oder nötig sein sollte. Daher versuche ich, Süßes sinn- und maßvoll in unser Familienleben zu integrieren, mit den bestmöglichen Zutaten, dem bestmöglichen Geschmack, dem größtmöglichen Vitalstoffgehalt und vor allem Genuss. Dabei interessiert mich der Kaloriengehalt nicht, weil Süßes zu selten und in zu kleinen Portionen auf den Tisch kommt, um unser Gewicht und unsere Gesundheit zu gefährden. Außerdem möchte ich, dass meine Kinder in einer Welt, in der sich schon achtjährige Mädchen für zu dick halten, ein gesundes und vor allem intuitives Verhältnis zum Essen entwickeln.

Ich war überrascht festzustellen, wie viel Auswahl und Möglichkeiten Paleo selbst beim Backen bietet, obwohl diese Art der Ernährung die geläufigen Zutaten ausschließt. Kuchen, der jedem ein »Mmmhhh« entlockt, braucht weder Getreide noch Kuhmilch!

WAS IST PALEO?

Paleo ist das Kurzwort für »paleolithic diet«, zu Deutsch »Steinzeiternährung«. Sie orientiert sich an der Ernährung der Jäger und Sammler. Ziel ist, naturbelassene Lebensmittel ohne moderne Zusatzstoffe zu essen, so wie das auch unsere Vorfahren taten.

Als der Mensch vor rund 10.000 Jahren begann, Äcker zu bewirtschaften und Vieh zu züchten, war seine Entwicklung schon zu über 95 % abgeschlossen. 2,5 Millionen Jahre hatte er – je nach Verfügbarkeit in seinem Lebensraum – Fleisch, Fisch, Eier, Gemüse, Obst, Wurzeln und Nüsse gegessen. Skelettfunde aus der neolithischen Zeit legen nahe: Die Menschen waren kleiner, die Knochen zeigten Anzeichen von Arthrose, die Zähne trugen Spuren von Karies. Völker, die heute noch als Jäger und Sammler leben und keinen Zugang zu unseren Lebensmitteln haben, leiden Untersuchungen zufolge nicht an unseren Zivilisationskrankheiten.

Zu Recht könnten Paleo-Kritiker nun einwenden, dass man gar nicht genau weiß, was die Steinzeitmenschen aßen. Eigentlich reicht es aber schon zu wissen, was sie NICHT aßen: Lebensmittel aus dem Chemielabor, die von ihrem natürlichen Ausgangsprodukt so weit entfernt sind, dass Steinzeitmenschen sie nicht einmal als Nahrung erkannt hätten, wie etwa Tütensuppen, Frühstücksflocken, Schokoriegel und vieles mehr.

Ob eine Ernährung nach Paleo-Prinzipien sinnvoll ist oder nicht, wird in Fachkreisen ausführlich diskutiert. Eines lässt sich allerdings nicht wegdiskutieren: Obwohl wir besser denn je mit Nahrung versorgt sind, nehmen Krankheiten wie Krebs, Herz-Kreislauf-Erkrankungen, Diabetes, Osteoporose, Allergien von Jahr zu Jahr zu. All die Erfahrungsberichte von Menschen, die mit Paleo ihr Leben und ihre Gesundheit zum Besseren verändern konnten, zeigen hingegen: An Paleo ist etwas dran!

ISS DIES, NICHT DAS: WELCHE LEBENSMITTEL SIND PALEO?

Je naturbelassener ein Lebensmittel, desto eher ist es Paleo. Je mehr Verpackung nötig ist, je mehr seine Form von der natürlichen Beschaffenheit abweicht, desto weniger ist es Paleo. Im Zweifel hilft es, sich zu fragen, ob ein Steinzeitmensch es als Lebensmittel erkennen würde. Ein guter Anhaltspunkt ist die Zutatenliste: Je mehr Zutaten ein Lebensmittel enthält, vor allem solche, die kaum auszusprechen sind, desto weniger handelt es sich um ein Paleo-Produkt.

DAS IST PALEO:

- **Gemüse**
- **Obst**
- **Fleisch**
- **Fisch**
- **Eier**
- **Nüsse**
- **Samen**
- **naturbelassene Süßungsmittel wie Honig, Ahornsirup, Kokosblütenzucker, Dattelpaste**

DAS IST NICHT PALEO:

- **Getreide und Getreideprodukte, auch Pseudogetreide wie Quinoa, Buchweizen und Amaranth:** Diese enthalten Antinährstoffe wie Lektine, Saponine sowie Phytate. Lektine sind schwer verdauliche Proteine, schädlich sind vor allem Prolamin und Agglutinin. Ein recht gut erforschtes Prolamin ist das Getreideeiweiß Gluten. Saponine sind chemische Substanzen, die Pflanzen vor Fressfeinden schützen. Sie stecken in Pseudogetreide wie Quinoa, in Hülsenfrüchten und in Nachtschattengewächsen wie Kartoffeln. Phytate binden Mineralstoffe wie Kalzium, Magnesium, Eisen und Zink, sodass sie im Darm nicht aufgenommen werden können. Sie stecken in hohen Mengen in Getreide und Hülsenfrüchten. Diese und viele weitere sogenannte Antinährstoffe können chronische Entzündungen im

Körper verursachen, die wiederum als Auslöser für Herz-Kreislauf- und Autoimmunerkrankungen gelten. Da diese kritischen Lebensmittel evolutionsbiologisch erst seit kurzer Zeit als Nahrungsmittel verfügbar sind, so die Theorie, konnte sich unser Stoffwechsel noch nicht an sie anpassen.

- **Industriell verarbeitete Milch und Milchprodukte:** Die für das Kälbchen bestimmten Wachstumshormone in Milchprodukten können den menschlichen Hormonhaushalt stören. Zudem wirkt das Milcheiweiß Kasein ähnlich auf den Organismus wie Gluten.

- **Hülsenfrüchte, also alle Formen von Bohnen, Linsen, Erdnüssen und Soja** enthalten wie Getreide große Mengen Antinährstoffe. Phytoöstrogene sind ein zusätzlicher Grund, Soja zu meiden. Untersuchungen legen nahe, dass diese Hülsenfrucht den Hormonhaushalt und vor allem die Schilddrüsenfunktion nachhaltig beeinträchtigt.

- **raffinierter Zucker und daraus hergestellte Produkte wie Softdrinks, Süßigkeiten und industriell hergestellte Backwaren:** Problematisch sind die großen Mengen Kohlenhydrate, die den Zuckerstoffwechsel durcheinanderbringen und so Diabetes fördern. Auch Süßstoffe wie Aspartam sind wegen ihrer umstrittenen Wirkung tabu.

- **stark verarbeitete pflanzliche Fette**, weil sie schnell oxidieren und dabei freie Radikale bilden,

die die Zellen angreifen. Ölsorten wie Sonnenblumen- oder Distelöl haben zudem ein ungünstiges Verhältnis von Omega-3- zu Omega-6-Fettsäuren, und das kann chronische Entzündungen im Körper fördern.

- **industriell verarbeitetes Fleisch:** Wenn es heißt, Fleisch sei ungesund, dann ist das nicht ganz falsch. Es kommt darauf an, wie das Tier leben durfte. Fleisch von einem Rind beispielsweise, das auf einer Weide lebte und – wie es seiner Natur entspricht – Gras fressen konnte, hat ein perfektes Verhältnis von Omega-3- zu Omega-6-Fettsäuren und enthält jede Menge weiterer gesunder Inhaltsstoffe. Tiere hingegen, die wider ihre Natur Getreide fressen, werden davon ähnlich krank und dick wie Menschen. Ihr Fleisch enthält zu viele Omega-6-Fettsäuren. Zusätzlich enthalten industriell verarbeitete Wurstsorten Mengen an Geschmacksverstärkern und Zucker, die unsere Gehirnchemie beeinflussen können.

PALEO-GRAUZONE

Einige Lebensmittel sind in der Paleo-Welt umstritten. Die einen Experten zählen sie zu den Paleo-Lebensmitteln, die anderen nicht. Man sollte also nach der eigenen Überzeugung entscheiden.

- **Milchprodukte:** Die »Primal«-Bewegung erlaubt Rohmilchprodukte mit natürlichem Fettgehalt von Weiderindern.

- **weißer Reis** ist als Getreide zwar offiziell kein Paleo-Lebensmittel, enthält aber im Gegensatz zu anderen Getreidesorten kaum Antinährstoffe und wird daher in Maßen toleriert.

- **Kartoffeln:** Da sie nur gekocht werden müssen, sehen manche Experten sie als ursprüngliche Lebensmittel, also Paleo.

- **Hülsenfrüchte:** Untersuchungen an Zähnen von Neandertalern haben gezeigt, dass diese Hülsenfrüchte aßen. Nun werden Stimmen laut, die Hülsenfrüchte doch als Paleo-Lebensmittel einstufen.

- **Alkohol:** Für die einen ist es ein verbotenes Nervengift, andere Experten hingegen tolerieren gelegentlichen Konsum in kleinen Mengen.

VERBOTE, GEBOTE ODER EMPFEHLUNGEN?

Paleo ist kein Dogma, sondern eine Philosophie! Nichts Schlimmes geschieht, wenn einmal ein Lebensmittel von der Nein-Liste auf dem Teller landet. Es sei denn man ist dagegen allergisch. Verbote finde ich deshalb schwierig, weil viele dadurch schnell in einen Teufelskreis aus schlechtem Gewissen, Schuldgefühlen und »Jetzt ist es auch schon egal« geraten kann. Bei Paleo geht es vor allem darum, zu essen, was einem guttut, um sich gut zu fühlen. Was für den einen okay ist, muss es für den anderen noch lange nicht sein. Jeder kennt sich selbst am besten und sollte dementsprechend seine Entscheidungen treffen!

GAB ES IN DER STEINZEIT MARMORKUCHEN?

Ein weitverbreitetes Vorurteil ist, Paleo sei eine Low-Carb-Ernährungsform. Grundsätzlich stimmt natürlich: Wer auf Brot, Nudeln und Reis verzichtet, nimmt weniger Kohlenhydrate zu sich als jemand, der morgens Müsli frühstückt, mittags Nudeln isst und sich abends Brote schmiert. Paleo ist jedoch nicht vorrangig Low Carb. Kohlenhydratquellen wie Süßkartoffeln, Kochbananen, Maniok, Obst, Maronen und viele weitere stehen auf der »Erlaubt«-Liste. Selbst bestimmte Zuckersorten, Honig und Trockenobst sind in kleineren Mengen in Ordnung.

Nein, in der Steinzeit gab es natürlich keinen Marmorkuchen – aber Süßes schon, denn Forscher gehen davon aus, dass unsere Ahnen süße Beeren und Wurzeln aßen. Allerdings stellten diese einen seltenen saisonalen Höhepunkt auf ihrem Speiseplan dar.

Nun leben wir aber nicht mehr in der Steinzeit. Ich bin sehr dankbar für Strom, Heizung, fließendes Wasser und medizinische Versorgung und möchte keinesfalls in die Höhle zurück! Bei der Paleo-Ernährung geht es auch nicht darum, die Vergangenheit in der Gegenwart nachzuspielen. Paleo bedeutet vielmehr, einen Mittelweg zu finden zwischen der kargen Lebensmittelauswahl der Steinzeitmenschen und unserem Überfluss, in dem billigste Lebensmittel rund um die Uhr verfügbar sind. Genial simpel fasst es Journalist Michael Pollan zusammen: »Iss nichts, was Deine Großmutter nicht als Nahrung erkannt hätte.« Oder eben – noch mehr Paleo – ein Steinzeitmensch.

Natürlich werden wir nie erfahren, ob ein Steinzeitmensch ein Stück Marmorkuchen als Lebensmittel erkannt hätte – womöglich nicht. Aber in unserem Alltag sind Süßigkeiten, Kuchen und Schokolade fest verankert. Vollständig darauf zu verzichten funktioniert innerhalb eines zeitlich begrenzten Rahmens wie bei einer 30-Tage-Kur auf Dauer aber wohl eher nicht. Geburtstag ohne Kuchen? Ein feines Menü ohne Dessert? Eine Hochzeit ohne Torte? Viele kennen die Situation: Man verkneift sich tapfer alles Süße, nur um am Ende in der nächstbesten Bäckerei gleich zwei Stücke Kuchen zu kaufen. Was bleibt, ist das Gefühl, versagt zu haben. Dann doch lieber kontrolliert und mit Freude gelegentlich zu hochwertigen Naschereien greifen.

Paleo wirkt sich in vielerlei Hinsicht positiv auf die Gesundheit und das Wohlbefinden aus. Aber die Paleo-Regeln sind restriktiv. Und genau deshalb kann eine Umstellung auf Paleo-Ernährung nur dauerhaft gelingen, wenn sie in jeder Situation lebbar ist, ohne das Gefühl von ständigem Verzicht zu vermitteln. Paleo-Gebäck und Desserts bestehen aus ursprünglichen Zutaten, enthalten mehr Vitalstoffe und weniger Zucker als die herkömmlichen Verwandten aus Weißmehl und raffiniertem Zucker. Unter diesen Gesichtspunkten passen Paleo-Ernährung und Süßigkeiten natürlich sehr gut zusammen.

MACHEN PALEO-DESSERTS DICK?

Eins vorweg: Paleo-Desserts enthalten zwar gesündere Zutaten und meist auch viel weniger Zucker als herkömmliche, einen Freibrief für zügellose Schlemmerei liefern sie leider trotzdem nicht. Der Kaloriengehalt von Paleo-Zutaten wie Mandelmehl, Honig oder Ghee ist nicht zu unterschätzen, und so wurden die Rezepte in diesem Buch auch nicht zur Gewichtsreduktion entwickelt.

Wer den Tag mit sirupgetränkten Paleo-Pfannkuchen beginnt, mittags zum Espresso einen Paleo-Muffin verdrückt und abends noch ein großes Paleo-Eis löffelt, der wird das möglicherweise an der Waage merken, ganz bestimmt aber am ständigen Süßhunger. Jedes Mal, wenn wir etwas essen, steigt unser Blutzuckerspiegel mehr oder weniger hoch. Je höher der Kohlenhydratgehalt des Verzehrten, desto höher klettert der Blutzuckerspiegel. Um den Zucker im Blut abzubauen, schüttet die Bauchspeicheldrüse Insulin aus. Und während Insulin im Blutkreislauf kursiert, liegt die Fettverbrennung auf Eis. Je stärker der Blutzuckerspiegel jedoch schwankt, desto größer wird unser Hunger auf Süßes.

Ein guter Anhaltspunkt ist die 80/20-Formel: Verzichte zu 80 Prozent der Zeit bewusst auf Junkfood und Süßigkeiten, dann kannst du dir in den restlichen 20 Prozent auch einmal eine Leckerei aus guten Paleo-Zutaten gönnen.

Wer also alle gelegentlich ein Stückchen Kuchen isst, eine Handvoll Kekse knabbert oder einen Paleo-Kakao trinkt, sich aber ansonsten an Gemüse, Salat, Fleisch, Fisch und Eiern satt isst, der braucht sich um Figur und Gesundheit nicht zu sorgen.

PALEO-BACKEN IN DER PRAXIS

Die erste Lektion, die ich beim Paleo-Backen gelernt habe, lautet: »Vergiss das Alte und lerne, das Neue zu lieben.« Wenn ich behauptete, dass Gebäck ohne Getreide, ohne Sahne und ohne Butter genauso gelingt und schmeckt wie Gebäck mit Weizenmehl, dann wäre das gelogen. Richtig ist: Paleo-Gebäck schmeckt genauso gut wie herkömmliches Gebäck, wenn nicht gar besser. Konsistenz und Geschmack jedoch unterscheiden sich einmal mehr, einmal weniger. Und die Zutaten verhalten sich anders bei der Zubereitung. Wichtig ist, sich für eine neue Art des Backens zu öffnen: Es gibt so viele spannende neue Zutaten zu entdecken und so viel auszuprobieren!

ZUTATEN UND HELFER
FÜR DIE PALEO-BÄCKEREI

DAS STECKT IM PALEO-GEBÄCK

Einige Zutaten unterscheiden sich stark von den »normalen« Grundzutaten in einer Backstube. Mit dem richtigen Know-How lassen sich Paleo-Zutaten aber ebenso gut verarbeiten.

GLUTENFREIES MEHL

Auf glutenfreies Mehl umzusteigen, war für mich die größte Umstellung beim Backen. Gebäck ohne Gluten kann sehr trocken werden und die Alternativen sind deutlich teurer und oft aufwendiger zu beschaffen. Aber es lohnt sich: Paleo-Mehle sind sehr ergiebig. Für einen Kuchen verwende ich meist um die 100 g, sodass sich die Kosten wieder relativieren. Eine Mischung aus mehreren Paleo-Mehlen liefert die besten Backergebnisse. Sehr wichtig ist, das Mehl vor Gebrauch zu sieben, um Klümpchen im Teig zu vermeiden.

① KOKOSMEHL Kokosmehl enthält sehr viele Ballaststoffe, wenig Kohlenhydrate und hat einen hohen Proteinanteil, weshalb Gebäck mit Kokosmehl sehr lange satt und zufrieden macht. Allerdings hat Kokosmehl kleine Eigenheiten, für die man beim Backen etwas Feingefühl entwickeln muss. Die wichtigste: Es saugt Flüssigkeit auf wie ein Schwamm. Damit ein Kuchen mit Kokosmehl locker und fluffig wird, benötigt man also sehr viel Flüssigkeit in Form von Eiern, Fett, Milch oder Fruchtpüree.

Kokosmehl hat außerdem einen süßlichen Geschmack. Weil nicht jeder den mag, mische ich es gern mit weiteren Mehlsorten, zum Beispiel Mandel- oder Maniokmehl. Man bekommt es im Bioladen, im Reformhaus und in der Bio-Lebensmittel-Abteilung mancher Drogerieketten.

② MANDELMEHL Vor allem gemahlene Mandeln sind zum Backen ideal, weil ihr hoher Fettgehalt Gebäck schön saftig hält. Mandeln enthalten nur 5 % Kohlenhydrate und eignen sich daher gut für Low-Carb-Kuchen. Außerdem haben sie einen hohen Gehalt an Vitamin E, B-Vitaminen, Kalzium, Eisen, Zink und Magnesium. Je feiner das Mandelmehl gemahlen ist, desto mehr ähnelt die Textur des fertigen Gebäcks herkömmlichem Weizengebäck. Da das Klebereiweiß Gluten in den Mandeln fehlt, wird der Teig aber weniger elastisch und bröckelt leicht.

③ NUSSMEHL Auch gemahlene Cashewkerne, Hasel- (hier abgebildet) und Pekannüsse oder Pistazien eignen sich als Mehl, wobei vor allem die beiden letzteren einen deutlich stärkeren Eigengeschmack haben als Mandelmehl. Wer einen Hochleistungsmixer oder eine Küchenmaschine hat, kann Nussmehl auch selbst mahlen.

④ ERDMANDELMEHL Gerade für Nussallergiker ist dieses Mehl eine echte Alternative. Die auch als Tigernüsse oder Chufas bekannten Erdmandeln sind, anders als der Name vermuten lässt, ölhaltige Knollen einer krautigen Pflanze. Bemerkenswert ist ihr hoher Ballaststoffanteil, und mit nur etwa 30 % ist ihr Kohlenhydratanteil eher moderat. Erdmandelmehl schmeckt mild süßlich und verhält sich ähnlich wie Mandelmehl. Allerdings neigt es dazu, Kuchen schwer und etwas trocken zu machen, sodass ich es gern mit leichteren Mehlsorten wie Kastanien- und Maniokmehl mische.

⑤ KASTANIENMEHL Kastanienmehl gehört beim Backen zu meinen Lieblingsmehlsorten. Es hat wunderbare, dem Weizen recht ähnliche Backeigenschaften, macht Kuchenteig schön fluffig und Kekse und Mürbeteig knusprig. Mit einem Kohlenhydratanteil von 74 % ist Kastanienmehl aber kein Low-Carb-Mehl. Kastanienmehl hat einen sehr aromatischen, würzigen Eigengeschmack, der vielen erst einmal ungewohnt erscheint. Um den Geschmack abzumildern, verwende ich meist eine Mischung aus Mandel-, Kastanien- und Maniokmehl. Kastanienmehl gibt es in vielen Bioläden, Reformhäusern und bei Onlineshops (siehe Liste Seite 220).

⑥ MANIOKMEHL Maniokmehl war für mich DIE Entdeckung beim Paleo-Backen. Es besteht aus fein vermahlener, getrockneter Maniokwurzel und schmeckt neutral. Es produziert knusprige Plätzchen und weichen, fluffigen Kuchen und kommt damit dem Weizenmehl am nächsten. Nachteil: Mit etwa 80 % enthält es sehr viele Kohlenhydrate. In zu großen Mengen verwendet, kann es dem Gebäck auch eine gummiartige Konsistenz verleihen. Deshalb mische ich es meist mit anderen Mehlsorten. Maniokmehl kaufe ich fast ausschließlich in Onlineshops (siehe Seite 220).

⑦ KOCHBANANENMEHL Getrocknete Kochbananen werden zu einem feinen Mehl vermahlen. Mit einem Anteil von 80 % Kohlenhydraten ist es zum Low-Carb-Backen kaum geeignet. Dafür hat es einen angenehm neutralen Geschmack und großartige Backeigenschaften. Ich verwende es sehr gern in Kombination mit Maniok- und Kastanienmehl. Ein Nachteil: Gebäck mit Kochbananenmehl wird schon einen Tag nach dem Backen recht trocken. Man kann es aber im Backofen bei 180 °C aufbacken, dann schmeckt es wie frisch gebacken. Kochbananenmehl gibt es in gut sortierten Asialäden (unbedingt die Zutatenliste lesen!) und im Internet.

⑧ STÄRKE Stärke hilft dabei, im glutenfreien Teig die Zutaten zu binden. Ich verwende nur kleine Mengen. Am häufigsten verarbeite ich Tapiokastärke, weil sie gute Backeigenschaften besitzt und sehr preisgünstig im Asialaden erhältlich ist. Sie wird aus der Maniokwurzel gewonnen. Eine gute Alternative ist Pfeilwurzelstärke. Sie ist in Bioläden erhältlich, aber deutlich teurer.

NUSSMUS, KOKOSMUS UND SONNENBLUMENKERNMUS

Nüsse, Kokosraspel oder Sonnenblumenkerne werden so lange gemahlen, bis eine glatte, cremige Masse entsteht – Nussmus. Dieses verwende ich gerne, um Schoko-Aufstriche herzustellen, aber auch als Backzutat. Meistens setzt sich oben im Glas eine Schicht Öl ab, die sich mit einem Löffel wieder einrühren lässt. Gerade Mandel- und

Haselnussmus sind recht teuer, deshalb verwende ich sie sparsam und mit viel Genuss. Günstiger sind Cashew- und Sonnenblumenkernmus. Mit Abstand am teuersten ist Kokosmus, deshalb stelle ich es selbst her, indem ich 200 g Kokosraspel im Hochleistungsmixer püriere. Alternativ verwende ich Kokoscreme (Creamed Coconut), ein etwas gröberes Kokosmus, das günstig im Asialaden und in vielen Supermärkten erhältlich ist.

SÜSSUNGSMITTEL

Zum Backen und Kochen verwende ich naturbelassene, unraffinierte Süßungsmittel wie Honig, Ahornsirup, Kokosblütenzucker und Medjool-Datteln. Diese haben zwar genauso viele Kalorien wie raffinierter Haushaltszucker, bringen aber einiges an Vitalstoffen mit. Leider sind sie deutlich teurer als weißer Zucker. Dem wiederum wirkt ein positiver Effekt der Paleo-Ernährung entgegen: Man kommt mit viel weniger Süße aus. So verwende ich mindestens ein Drittel weniger Zucker als üblich. Für wen Paleo noch Neuland ist, der wird meine Rezepte also möglicherweise als zu wenig süß empfinden. Daher empfehle ich, Teig und Süßspeisen abzuschmecken und nach Geschmack nachzusüßen. Alle Süßungsmittel, die ich hier beschreibe, haben einen recht intensiven Eigengeschmack. Für mehr Ausgewogenheit verwende ich oft eine Mischung, zum Beispiel aus Honig und Ahornsirup.

(1) HONIG Mit kalt geschleudertem Honig süße ich am häufigsten. Kräftige Sorten wie Kastanien- oder Tannenhonig setzen geschmackliche Akzente. Zu Ku-

Nüsse sind beliebt in der Paleo-Ernährung, Nussmus eine vielfältig einsetzbare Zutat.

chen oder Süßspeisen mit feinen Aromen passen mildere Sorten wie Akazienhonig. Kuchenteig mit Honig wird schneller braun beim Backen, man sollte den Kuchen also gut im Auge behalten und notfalls vor Ende der Backzeit mit einer Lage Backpapier abdecken. Wer Honig nicht verträgt, kann ihn durch Ahornsirup oder Kokosblütenzucker ersetzen. Achtung: Für Babys unter einem Jahr ist Honig tabu, weil er Bakterien enthalten könnte, die Säuglingsbotulismus auslösen.

② AHORNSIRUP Der bernsteinfarbene Saft von Ahornbäumen schmeckt so karamellig gut, dass ich ihn pur mit dem Löffel essen könnte. Er ist etwas weniger süß als Honig. Zu kaufen gibt es ihn in zwei Sorten: Grad A ist etwas heller und milder im Geschmack, Grad B hat eine dunklere Farbe und schmeckt kräftiger. Ich bevorzuge Grad B, weil ich ihn ergiebiger finde.

③ KOKOSBLÜTENZUCKER Der Nektar von Kokosblüten wird getrocknet und fein vermahlen – so entsteht eine naturbelassene Zuckersorte mit feiner Karamellnote. Kokosblütenzucker hat einen niedrigen glykämischen Index, das heißt der Blutzucker steigt nicht so hoch an, nachdem man ihn gegessen hat. Ich verwende Kokosblütenzucker gern, weil er einen sehr würzigen, fast schon lakritzigen Geschmack hat, den ich sehr mag. Damit er sich im Teig leichter mit den anderen Zutaten verbindet, mahle ich den Zucker vor der Verwendung im Mixer etwas feiner, für Baiser oder Biskuit sogar zu staubfeinem Puderzucker. Da er eine kräftig braune Farbe hat, verleiht er auch dem Gebäck eine dunklere Färbung. Wer den Geschmack von Kokosblütenzucker zu intensiv findet, kann ihn teilweise oder ganz durch Bio-Sucanat, einen unraffinierten Vollrohrzucker, ersetzen. Der ist zwar offiziell nicht Paleo-konform, aber immerhin ganz naturbelassen. Ein weiterer Vorteil des Sucanats ist, dass er deutlich preisgünstiger ist als der teure Kokosblütenzucker. Gerne mische ich ihn auch mit Honig und Ahornsirup, die etwas günstiger sind.

④ MEDJOOL-DATTELN Medjool-Datteln sind nicht nur eine herrliche Süßigkeit, sondern auch ein wunderbares Süßungsmittel für Kuchen, Muffins und Cremes. Außerdem enthalten sie B-Vitamine, Eisen und Kalium. Am liebsten verwende ich ganz weiche Medjool-Datteln zum Backen. Wenn sie schon etwas härter sind, kann man sie vor der Weiterverarbeitung 15 Minuten in kochendem Wasser einweichen. Anschließend abtropfen lassen und zusammen mit den flüssigen Zutaten pürieren. Medjool-Datteln gibt es im Supermarkt und im Bioladen und sie haben ihren Preis. Eine günstigere Alternative ist die Dattelsorte Deglet Nour. Diese sind viel kleiner, aber auch trockener als Medjool-Datteln. Sie müssen vor der Verwendung eine gute Stunde in kochendem Wasser eingeweicht werden, damit sie sich glatt pürieren lassen. Eine mit Schoko-Aufstrich und Mandelmus gefüllte Dattel schmeckt besser als jeder Schokoriegel!

XYLITOL UND ERYTHRITOL Diese Zuckeralkohole werden auch Xylit (Birkenzucker) und Erythrit genannt. Für Menschen mit Problemen der Glucosetoleranz, Insulinresistenz und Diabetes sind sie eine echte Alternative, für andere eher eine Geschmacksfrage. Zuckeralkohole kommen in Obst von Natur aus vor und werden durch ein chemisches Verfahren zu einem in der Beschaffenheit Zucker ähnlichen Produkt verarbeitet. Sie erhöhen den Blutzuckerspiegel aber kaum (Xylitol) bis gar nicht (Erythritol). Xylitol liefert etwa 230 kcal pro 100 g (Zucker: etwa 400 kcal/100 g), Erythritol ist kalorienfrei. Bei der Frage, ob Zuckeralkohole Paleokonform sind oder nicht, scheiden sich die Geister. Ich nenne sie hier trotzdem, weil viele, die gesünder backen möchten, auch daran interessiert sind, Kohlenhydrate und Kalorien einzusparen. Xylitol und Erythritol machen beides möglich, wenn auch mit Abstrichen!

Ich habe sehr viel mit beiden Süßungsmitteln experimentiert. Das sind meine Erfahrungen:

Geschmack: Sowohl Xylitol als auch Erythritol haben den für Zuckeralkohole typischen kühlenden Effekt im Mund. Das heißt, sie schmecken zwar süß, aber gleichzeitig auch kühl. Mich erinnert das an Menthol und ich mag es gar nicht, aber da hat jeder ein anderes Empfinden. Es lohnt sich also, die eigene Toleranzgrenze zu testen.

Backeigenschaften: Besonders Erythritol löst sich in Gebäck ganz schlecht auf, sodass ich im fertigen Kuchen oft dunklere Sprenkel hatte. Besser geht es, wenn man die Kristalle vorab im Mixer pulverisiert. In Saucen löst es sich zwar auf, kristallisiert aber beim Abkühlen, was ich als unangenehm empfinde.

FAZIT: Gelegentlich ersetze ich bis zu ein Drittel des Süßungsmittels in einem Rezept durch Xylitol oder Erythritol. In dieser Konzentration fallen sie geschmacklich nicht auf. Grundsätzlich verwende ich lieber Honig, Zucker oder Ahornsirup. Wer aber Kohlenhydrate einsparen möchte oder muss, den möchte ich zum Experimentieren ermuntern.

STEVIA Stevia wird aus den Blättern der Pflanze *Stevia rebaudiana* gewonnen. Die Blätter enthalten unter anderem die Substanz Rebaudiosid, die bis zu 450-mal süßer schmeckt als Zucker. So reicht eine winzige Prise Stevia, um kalorien- und kohlenhydratfrei Cremes, Kuchenteig und Getränke zu süßen. Ich habe in meiner Küche eine Steviapflanze stehen, deren Blätter ich ab und zu mit heißem Wasser aufgieße. Jedes Mal bin ich überrascht, wie süß dieser Tee schmeckt. Von den Steviapulvern, die es im Handel gibt, bin ich aber eher enttäuscht: Steviapulver hat einen sehr intensiven Nachgeschmack, den ich künstlich und unangenehm finde. Auch hier ersetze ich höchstens ein Drittel des Zuckers im Rezept durch winzige Prisen Steviapulver, dann finde ich den Geschmack akzeptabel. Im Kuchenteig ist es nicht ratsam, größere Mengen Süßungsmittel durch Stevia zu ersetzen, weil sie auch Feuchtigkeit und Masse zum Teig beisteuern. Entfällt diese Wirkung der Süßungsmittel, verändert sich die Konsistenz des Kuchens.

FETTE UND ÖLE

Ich verwende zum Backen am liebsten Ghee und natives Kokosöl, weil sie erstens großartig schmecken und zweitens wegen ihres hohen Anteils an gesättigten Fettsäuren gut hohe Temperaturen vertragen. Wer möchte, kann in meinen Rezepten Ghee gegen Kokosöl tauschen und umgekehrt. Je nach Rezept verändert dies aber den Geschmack.

① NATIVES KOKOSÖL Dieses Öl hat sehr gesunde mittelkettige Fettsäuren und Laurinsäure und wird in der Leber eher verstoffwechselt als in den Fettzellen gespeichert. Es hat eine zarte Kokosnote, die bei

Hitze weitgehend verfliegt. Wer Kokos nicht mag, kann Kokosfett benutzen, desodoriertes Kokosöl. Kokosöl gibt es in immer mehr Bioläden zu kaufen. Ich bestelle es meist auf Vorrat in Litergläsern im Internet. Bei Raumtemperatur hat es eine feste Konsistenz, ab etwa 25 °C wird es weich.

② GHEE Mit Abstand am liebsten und häufigsten backe und koche ich mit Ghee, das in der ayurvedischen Küche verwendet wird. Ich liebe den intensiven, fast schon karamelligen Geschmack, den es Kuchen und Plätzchen verleiht. Eigentlich ist Ghee ein Milchprodukt, und damit nicht Paleo-konform. Doch Ghee ist das reine, geklärte Butterfett, das übrigbleibt, wenn man die Milchbestandteile aus der Butter herausfiltert, und die sind ja das eigentlich Problematische. Das reine Butterfett enthält weder Laktose noch Kasein, und selbst Menschen, die diese Stoffe nicht vertragen, haben mit Ghee selten Probleme. Ghee gibt es im Bio- und Asialaden, in Letzterem sind Herkunft und Qualität allerdings oft nicht so gut nachvollziehbar. Butterschmalz ist eine gute und günstigere Alternative. Da ich Ghee wegen seines Preises ungern kaufe, stelle ich es lieber selbst her. Dazu verwende ich Butter von Weidetieren, die ein gesünderes Fettsäurenprofil aufweist.

Rezept für Ghee: 1 Päckchen Butter (250 g) in einem Kochtopf erhitzen, bis die Milchbestandteile knusprig braun gebraten sind. Über einen zweiten Topf ein Sieb hängen und dieses mit einem fest gewebten Geschirrtuch auslegen. Die erhitze Butter in das Tuch gießen. Sobald das Ghee durchgelaufen ist, das Tuch verknoten

Viel frisches Obst und Gemüse kommt auch in den Backrezepten bei Paleo nicht zu kurz.

und mithilfe eines Kochlöffels ausdrücken, um möglichst viel Ghee zu gewinnen. Das gefilterte Ghee nochmals erhitzen, in ein heiß ausgespültes Glas gießen und abkühlen lassen. 250 g Butter ergeben etwa 200 g Ghee. Da Ghee keine Milchbestandteile mehr enthält, ist es so wie Öl ungekühlt mehrere Monate haltbar.

③ OLIVENÖL Natives Olivenöl extra verwende ich beim Backen gern in Verbindung mit Zitrusfrüchten. Ich bewahre mein Olivenöl im Kühlschrank auf. Vor der Verwendung lasse ich es Raumtemperatur annehmen und wieder flüssig werden.

④ KAKAOBUTTER Wann immer ich eine schokoladige Geschmacksnote erzielen möchte, verwende ich Kakaobutter. Zum Backen verwende ich gewöhnliche Kakaobutter. Möchte ich in einer Creme oder in einem Dessert nur einen geschmacklichen Akzent setzen, verwende ich Kakaobutter in Rohkost-Qualität. Diese hat ein intensives Aroma, und weil sie so exquisit ist, kommt sie nur in kleinen Mengen und bei moderater Zubereitungstemperatur zum Einsatz, um die guten Inhaltsstoffe nicht zu zerstören. Kakaobutter gibt es in Bioläden und im Onlineversand.

OBST UND GEMÜSE

Bestimmt bin ich nicht die einzige Mutter, die bei Tisch mahnt: »Iss dein Gemüse«, und deren Kinder mehr als widerwillig zur Gabel greifen. Über Gemüse im Kuchen hat sich noch nie jemand beschwert – obwohl ich noch nicht mal ein Geheimnis daraus mache, Aubergine im Schokokuchen oder Zucchini in Muffins zu versenken. Wann immer es geht, verstecke ich eine oder gleich mehrere Portionen Obst oder Gemüse im Kuchen. Ob als gekochtes Püree oder roh geraspelt: Die Extraportion Obst und Gemüse lockert das Gebäck auf, verleiht dem Teig Masse und liefert Feuchtigkeit, was in Verbindung mit den glutenfreien und von Natur aus etwas trockeneren Mehlsorten Gold wert ist. Außerdem bringt sie Ballaststoffe sowie Vitamine, Mineralstoffe, Antioxidantien, sekundäre Pflanzenstoffe und, und, und mit.

KOCH- UND OBSTBANANEN Grüne Exemplare beider Sorten haben einen hohen Stärkeanteil, wenig Zucker und daher einen sehr neutralen Geschmack. Je dunkler sie sind, desto mehr kehrt sich das Verhältnis von Zucker und Stärke um. Reife Kochbananen haben ein fruchtigeres Aroma als ihre Verwandten, die Obstbananen. Ich schäle sie mit einem scharfen Messer und verwende sie roh, zusammen mit den feuchten Zutaten püriert. Zu kaufen gibt es Kochbananen günstig in Asialäden und manchmal auch in gut sortierten Supermärkten. Braun gesprenkelte Obstbananen friere ich geschält in Gefrierbeuteln ein und mixe daraus schnelles Eis oder lasse sie zum Backen auftauen.

SÜSSKARTOFFELN Sie verleihen Gebäck eine sehr angenehme Konsistenz und Süße, sodass man mit weniger Zucker auskommt. Im Kuchen verwende ich gegarte Süßkartoffeln, die ich auf Vorrat im Backofen gare und portionsweise einfriere.

So gelingen sie perfekt: Die Süßkartoffeln mit einer Gabel mehrmals einstechen und auf einem Grillrost in den Ofen schieben. Ein Backblech in die Einschubleiste unter dem Grillrost schieben.

Die Süßkartoffeln nun bei 180 °C ohne Vorheizen 45 Minuten backen, dann den Ofen ausschalten und die Süßkartoffeln bis zu einer Stunde im heißen Ofen ruhen lassen. Dabei die Backofentür geschlossen halten. Die Süßkartoffeln aus dem Ofen nehmen und schälen, dann das Fruchtfleisch abkühlen lassen und weiterverwenden oder einfrieren.

Es gibt mehrere Sorten von Süßkartoffeln: Je nach Verfügbarkeit verwende ich eine mit rötlicher Schale und orangefarbenem Fruchtfleisch und eine mit lila Schale und gelblich-weißem Fruchtfleisch. Geschmacklich konnte ich bisher keinen Unterschied feststellen.

MANIOKWURZEL Die Maniokwurzel (auch Cassava oder Yuca) hat eine dicke, holzige Schale, die zum Konservieren mit Wachs überzogen wird, und schneeweißes, hartes Fruchtfleisch. Ich schneide sie erst mit einem scharfen Messer in Scheiben und schäle das Fruchtfleisch dann rundherum ab. Dann koche ich es wie Kartoffeln in Salzwasser, bis ich mit einer Gabel leicht hineinstechen kann. Das gekochte Fruchtfleisch friere ich in 100-g-Portionen ein und püriere es bei Bedarf aufgetaut mit den feuchten Zutaten. Maniokwurzel gibt es preisgünstig frisch oder tiefgefroren im Asialaden.

KÜRBIS Im Ofen gerösteter Butternut-Kürbis ist eine herrliche Zutat im Kuchenteig. Der Kürbis ist mildsüß und verleiht Kuchen eine saftige, aromatische Konsistenz. Ich röste den ganzen Kürbis etwa 1 Stunde bei 200 °C im Backofen.

Tipp: Für spontane Backprojekte habe ich immer einige Babygläschen mit Kürbisbrei im Vorratsschrank.

WURZELGEMÜSE Karotten, Rote Bete und Pastinaken verwende ich meistens roh sehr fein geraspelt, aber auch gekochtes Püree verleiht Rührkuchen eine wunderbare Konsistenz. Alle drei Gemüsesorten sind nach Belieben gegeneinander austauschbar.

NACHTSCHATTENGEWÄCHSE Auch Auberginen und Tomaten verstecke ich in Kuchen. Tomaten kaufe ich passiert im Glas. Auberginen steche ich mehrfach mit einer Gabel ein und röste sie etwa 30 Minuten bei 180 °C im Backofen, bis sie weich sind. Dann lasse ich sie abkühlen, löse das Fruchtfleisch aus der Schale und püriere es zusammen mit den flüssigen Teigzutaten.

ZUCCHINI Auch die Zucchini gehört zu den Kürbisgewächsen. Sie schmeckt neutral und ist in Gebäck geschmacklich kaum zu identifizieren. Wenn sie auch nicht gesehen werden soll, schäle ich sie zusätzlich. Zucchini mische ich roh sehr fein geraspelt unter den Teig. Wenn der schon von vornherein sehr feucht ist, empfiehlt es sich, die Zucchiniraspel in einem Tuch auszupressen und nur den Trester zu verwenden.

APFELMARK Es verleiht dem Kuchen eine lockere Konsistenz und eine natürliche Süße. Ich habe immer fein püriertes Apfelmark im Glas auf Vorrat. Weil ich zum Backen meistens eher kleine Portionen verwende, kaufe ich Apfelmus in Babygläschen à 125 g.

AVOCADO Botanisch gesehen ist die Avocado eine Beere – und was für eine: Ihr ölreiches Fruchtfleisch passt super zu cremigen Desserts und verleiht ihnen eine samtige Konsistenz. Ich verwende am liebsten rohe Avocado für Schokocreme, weil so ihre gesunden Inhaltsstoffe erhalten bleiben.

SCHOKOLADE UND KAKAO

Wenn ich Schokolade kaufe, interessiert mich am meisten die Zutatenliste. Denn sogar hochpreisige Sorten enthalten oft Soja-Lecithin und manchmal auch Aromastoffe. Je höher der Kakaoanteil, desto unwahrscheinlicher ist, dass die Schokolade Milchpulver enthält. Ich verwende zum Backen eine Zartbitterkuvertüre aus dem Bioladen mit 70 % Kakaoanteil (Marke Vivani). Die schmeckt hervorragend, enthält weder Soja-Lecithin noch Aromen und ist mit Rohrohrzucker gesüßt. Wer zu 100 % Paleo-konform essen möchte, kann die Schokolade mit 92 % Kakao und Kokosblütenzucker der gleichen Marke verwenden.

SALZ

Salz ist der beste Geschmacksverstärker – schon mit einer Prise schmeckt alles besser. Deshalb kommt Salz auch in fast jedem meiner Rezepte vor. In den Zutatenlisten der Rezepte nenne ich meist eine Prise als Mengenangabe. Wie groß diese Prise ausfällt, kann jeder selbst entscheiden, denn jeder hat gerade in Bezug auf

Wichtige Aromen und Geschmacksträger in der Backstube: Tonka-Bohnen, Vanille, Zimt, Salz und Kakao.

Salz ein anderes Geschmacksempfinden. Herkömmliche Sorten aus dem Supermarkt enthalten oft chemische Rieselhilfen, die das Verklumpen durch Feuchtigkeit verhindern. Um diese zu vermeiden, verwende ich unraffiniertes feines Meersalz mit jodhaltigen Algen ohne Rieselhilfen aus dem Bioladen. Für besondere Akzente streue ich Maldon-Salzflocken oder Fleur de Sel über das Gericht.

MILCH UND JOGHURT

Im Supermarkt sind mittlerweile etliche Sorten pflanzlicher Drinks auf Nussbasis zu haben – von Macadamia- über Haselnuss- bis zu Mandelmilch. Leider enthalten diese meist jede Menge Zusatzstoffe, sodass ich lieber meine eigene Nussmilch herstelle (siehe Seite 190). Und die kann man ganz wunderbar zu Joghurt weiterverarbeiten (siehe Seite 192).

KOKOSMILCH Konservendosen mit Kokosmilch kaufe ich nur für den seltenen Fall, dass ich Kokossahne schlagen möchte (siehe Seite 189). Ansonsten verzichte ich auf den Kauf von Konservendosen, weil diese Bisphenol A enthalten, eine Substanz, die im Körper ähnlich wirkt wie Östrogen und im Verdacht steht, den Hormonhaushalt durcheinanderzubringen. Alternativ kaufe ich am liebsten Kokosmilch von Aroy D im Tetrapack. Im Gegensatz zu vielen anderen Sorten mit Stabilisatoren wie Carrageen, enthält diese nur Wasser und Kokosnuss. Aroy D gibt es günstig in Asialäden und etwas teurer in gut sortierten Supermärkten.

HÜHNEREIER UND ALTERNATIVEN

In meinen Rezepten verwende ich Eier der Größe M in Bio-Qualität. Wer keine Eier verträgt, kann versuchen, diese in Rezepten, die bis zu zwei Eier enthalten, durch folgende Alternativen zu ersetzen. Sie binden die Zutaten genau wie Ei, sorgen allerdings nicht dafür, dass das Gebäck aufgeht. Mehr als zwei Eier lassen sich schlecht austauschen, weil das die Konsistenz des Gebäcks zu sehr verändert.

LEINSAMEN 1 EL gemahlene Leinsamen mit 2,5 EL Wasser vermengen. Die Mischung 5 Minuten quellen lassen und wie Ei weiterverarbeiten. Ersetzt 1 Hühnerei.

GELATINE 1 EL gemahlene Gelatine mit 1 EL lauwarmem Wasser übergießen. 2 EL kochend heißes Wasser dazugeben und alles schaumig schlagen, bis sich die Gelatine komplett aufgelöst hat. Sofort weiterverarbeiten. Ersetzt 1 Hühnerei.

CHIASAMEN ½ EL Chiasamen in einer elektrischen Kaffeemühle fein zermahlen (ergibt etwa 1 EL Chiamehl). Das Chiamehl mit 3 EL Wasser glatt rühren und 5–10 Minuten quellen lassen. Dann wie Ei weiterverwenden. Ersetzt 1 Hühnerei.

Tipp: Im Gegensatz zu schwarzen Chiasamen fallen weiße im Gebäck optisch nicht auf.

BINDE- UND VERDICKUNGSMITTEL

Folgende Hilfsmittel verwende ich, um in Cremes, Puddings und auch in Gebäck Zutaten zu binden.

GELATINE Gelatine wird aus dem Collagen von Tierknochen hergestellt und ist ein völlig unterschätztes Lebensmittel, denn sie hat viele gute Eigenschaften: Sie unterstützt das Haar- und Nagelwachstum, hält die Haut straff und faltenfrei, verbessert die Verdauung und wirkt entzündungshemmend. Bio-Gelatine verleiht Cremes Standfestigkeit und Getränken eine vollmundige Konsistenz.

CHIASAMEN Ich verwende Chiasamen vor allem in kalten Cremes und Smoothies, weil so ihre guten Inhaltsstoffe erhalten bleiben. Da sie sich im normalen Mixer oder mit dem Pürierstab schlecht vermahlen lassen, erledigt diesen Job meine elektrische Kaffeemühle vorab. Als Faustregel gilt: 1 EL Chiasamen ergibt die doppelte Menge Chiamehl.

JOHANNISBROTKERNMEHL Das geschmacksneutrale, beinahe kohlenhydratfreie Pulver wird aus den Samen des Johannisbrotbaums hergestellt. Es verleiht Puddings und Cremes eine angenehm cremige Konsistenz. Dazu mische ich es mit wenig Tapiokastärke. Johannisbrotkernmehl ist sehr ergiebig: 1–2 TL reichen für 500 ml Flüssigkeit. Ersatzweise verwende ich Guarkernmehl, das aus der Guarbohne hergestellt wird. Beides ist im Bioladen erhältlich.

BACKTRIEBMITTEL

Bei manchen Rezepten, etwa beim Biskuit, reicht Eischnee, um luftiges Gebäck zu produzieren. Ansonsten muss Backpulver oder Natron dem Teig dabei helfen, schön aufzugehen. Wenn Natron allein verwendet wird,

dann braucht es Säure, um wirken zu können, also Essig oder Zitronensaft im Teig. Gewöhnliches Backpulver aus dem Supermarkt hinterlässt ein unangenehmes Gefühl auf der Zunge, sodass ich vor längerer Zeit auf Bio-Weinsteinbackpulver umgestiegen war. Dieses enthält aber Maisstärke, also Getreide. Getreidefreies Backpulver habe ich im Handel noch nicht gefunden, man kann es aber leicht selbst mischen:

Rezept für Paleo-Backpulver: 1 Teil Natron, 1 Teil Tapiokastärke und 2 Teile Weinstein (aus der Apotheke) in ein heiß ausgespültes Schraubglas geben. Das Glas verschließen und schütteln, bis alles vermischt ist.

GEWÜRZE UND AROMEN

Ein Kuchen, unendliche Möglichkeiten ... Durch Gewürze, Zitrusschalenabrieb, Kaffeepulver und vieles andere lassen sich Süßspeisen, Desserts und Gebäck immer wieder abwandeln. Langweilig wird es so nie!

GEWÜRZE Mit Abstand am häufigsten verarbeite ich Vanille. Wenn ich einen sehr intensiven Vanillegeschmack möchte, verwende ich frische Schoten und kratze das Mark heraus. Ansonsten nehme ich ganze gemahlene Vanilleschoten. Zimt kombiniere ich gern mit einer Prise Lebkuchengewürz und Ingwer. Gewürze kaufe ich im Bioladen.

EXTRAKTE In Speisen, die Hitze ausgesetzt sind, verwende ich Extrakte aus Aroma und Alkohol. Der Alkohol verfliegt, der Geschmack bleibt. Am Alkohol scheiden sich die Geister. Für die einen ist er ein Produkt in der Paleo-Grauzone, für andere eindeutig nicht Paleo. Ich sehe ihn eher in der Grauzone und verwende meine Extrakte nur sparsam und teelöffelweise, wenn ich weiß, dass sie einem Gebäck oder einer Süßspeise eine neue geschmackliche Dimension verleihen. Wenn Kinder mitessen, lasse ich sie weg. In meinen Rezepten liste ich die Extrakte als nach Belieben verwendbar auf, jeder entscheidet für sich, ob sie zum Einsatz kommen sollen oder nicht. Am häufigsten verarbeite ich Vanille-, Schokoladen-, Mandel- und Kaffee-Extrakt. Alle sind unbegrenzt haltbar, allerdings sollten die Flaschen alle paar Tage geschüttelt werden.

① **Vanille-Extrakt:** 5 Vanilleschoten in 250 ml Wodka oder Rum einlegen und ziehen lassen – je länger, desto besser. Der Extrakt ist unbegrenzt haltbar und kann immer wieder aufgefüllt werden. Mir fällt kein Kuchen oder Dessert ein, zu dem dieser Extrakt nicht passt ...

② **Schokoladen-Extrakt:** 120 g Kakaonibs in 250 ml Wodka oder Rum einlegen. Mindestens 3 Monate ziehen lassen. Der Extrakt ist dann nahezu unbegrenzt haltbar. Ein Traum in Schokokuchen und -desserts.

③ **Mandel-Extrakt:** 14 ganze Aprikosenkerne (aus dem Bioladen) in 250 ml Wodka oder Rum einlegen. Verstärkt in Gebäck und Süßspeisen die Mandelnote von Steinobst wie Kirschen und Pfirsichen.

④ **Kaffee-Extrakt:** 100 g ganze Kaffeebohnen in 250 ml Wodka einlegen. Passt super zu Gebäck und Süßspeisen mit Schokolade.

Tipp: Die Extrakte sind auch eine schöne Geschenkidee!

Fruchtpulver, etwa gemahlene Aroniabeeren oder Rote Bete, setzen Farb- und Geschmacksakzente.

KONFITÜRE

Um Kuchen eine appetitlich glänzende Oberfläche zu verleihen, kann man sie nach dem Backen mithilfe eines Silikonpinsels dünn mit warmer Aprikosenkonfitüre bestreichen. Natürlich hat Konfitüre sehr viel Zucker, aber die verwendete Menge beläuft sich meist auf weniger als einen Esslöffel. Ich achte darauf, mit Rohrohrzucker hergestellte Sorten zu kaufen. Sorten mit Agavendicksaft meide ich, weil dieser einen extrem hohen Fruchtzuckeranteil hat und in der Leber verstoffwechselt wird, welche überschüssige Fructose gleich in die Fettdepots schickt.

FRUCHTPULVER ALS FARBAKZENT

Eine wunderbare Art, Farbe, interessante Geschmacksakzente und ein Plus an sekundären Pflanzenstoffen in Gebäck und Süßspeisen zu bekommen, sind zu Pulver vermahlene getrocknete Obst- und Gemüsesorten. Ich verwende recht häufig Smoothie-Pulver aus dem Bioladen, zum Beispiel Aroniabeeren oder Rote Bete von Lebepur. Auch gefriergetrocknete Erdbeeren eignen sich dafür super.

VON UNVERZICHTBAR BIS LUXUS: HELFER IN DER PALEO-KÜCHE

Ich gebe es zu: Ich bin ein Küchengeräte-Junkie! In meiner Wohnung stapeln sich allerlei Helfer von der Silikonbackform bis zum Donut-Maker. So manches Teil ist ein nettes, aber verzichtbares Gadget. Andere machen das Leben durchaus leichter, sodass ich ihre Anschaffung nur empfehlen kann:

- Küchenwaage
- Messlöffel
- Pürierstab
- Hochleistungsmixer
- Küchenmaschine
- Kaffee- oder Gewürzmühle
- Joghurtbereiter
- Back- und Auflaufformen

KÜCHENWAAGE UND MESSLÖFFEL Die Rezepte in diesem Buch sind in Gramm, Millilitern, Teelöffeln und Esslöffeln berechnet. Ich empfehle eine digitale Küchenwaage, denn gerade bei Zutaten wie Kokosmehl verändern ein paar Gramm mehr oder weniger das Backergebnis stark. Sehr hilfreich ist auch ein Set mit Messlöffeln, um Backpulver, Natron oder Gewürze abzumessen. Ich besitze eines, das ich aus den USA mitgebracht habe. Damit lassen sich ganze und halbe Esslöffel, achtel, viertel, halbe und ganze Teelöffel ganz genau abmessen. Mit normalen Tee- oder Esslöffeln gelingt mir das nicht so präzise. Messlöffelsets sind in gut sortierten Haushaltswarenläden und im Internet erhältlich.

Wer keine Messlöffel besitzt, kann die Mengen wie folgt umrechnen:

1 TL = 5 g
1 EL = 15 g

FAZIT:
Küchenwaage: unverzichtbar
Messlöffel: hilfreich, aber verzichtbar

KÜCHENMASCHINE/MIXER Es gibt in diesem Buch nur wenige Rezepte, für die kein Mixer benötigt wird. Ich besitze eine Hochleistungsküchenmaschine und einen Pürierstab, und zumindest meine Küchenmaschine läuft mehrmals täglich. Mein Thermomix ist mit Abstand das meistgenutzte Gerät in meiner Küche. Ich hacke damit Obst und Gemüse, mahle Nüsse, püriere Früchte, Suppen und Fruchtdesserts, bereite Nussmilch, Saucen, Aufstriche und so vieles mehr zu. Bei manchen Kuchenrezepten gebe ich einfach alle Zutaten in die Rührschüssel, drehe den Schalter und habe zehn Sekunden später einen homogenen Kuchenteig. Extrem langlebige, leistungsstarke, allerdings auch sehr hochpreisige Mixer gibt es auch von Vitamix und Blendtec.

Wer keinen Hochleistungsmixer besitzt, könnte über die Anschaffung eines Mixers oder eines Zerkleinerers nachdenken. Diese sind nützlich, zum Beispiel um Nüsse zu mahlen und zu hacken. Ich selbst besitze keinen.

Bevor ich den Thermomix anschaffte, nutzte ich meinen Pürierstab. Zur Verarbeitung kleinerer Mengen bevorzuge ich ihn nach wie vor. Sogar wenn wir in Urlaub fahren, packe ich ihn in den Koffer. Bei der Zubereitung von Nussmilch und Smoothies leistet er gute Dienste, das Ergebnis ist jedoch wesentlich weniger sämig als beim Hochleistungsmixer und der Pürierstab braucht viel länger.

FAZIT:
Hochleistungsmixer: sehr hilfreich; teure, aber extrem lohnende und langlebige Investition
Küchenmaschine/Mixer: hilfreich, wenn kein Hochleistungsmixer vorhanden ist

KAFFEE- ODER GEWÜRZMÜHLE Als ich Chiasamen und Flohsamenschalen als Backzutat entdeckte, schaffte ich eine preiswerte elektrische Kaffeemühle an, vor allem deshalb, weil ich diese Zutaten bereits fertig gemahlen nicht oder nur selten im Handel gefunden habe. Meine Mühle hat noch nie Kaffee gesehen, mahlt aber Chiasamen, Flohsamenschalen und gehackte Nüsse zuverlässig in Sekunden zu feinem Pulver. Das gelingt weder meinem Pürierstab noch dem Hochleistungsmixer. Der Versuch, Chiasamen und Mehl zu mischen und dann im Thermomix fein zu mahlen, endete kläglich mit einem schlechten Backergebnis.

FAZIT: für Rezepte mit Chiasamen unverzichtbar

JOGHURTBEREITER Keine Milchprodukte mehr zu essen, bedeutet nicht, auf Joghurt oder Kefir verzichten zu müssen. Aus Joghurt- oder Kefirkulturen und Kokos- oder Nussmilch kann man über Nacht leckeren Joghurt zubereiten. Nach ersten missglückten Versuchen mit dem Backofen habe ich einen sehr preiswerten elektrischen Joghurtbereiter gekauft. Der funktioniert zuverlässig und lässt sich leicht reinigen.

FAZIT: nur unverzichtbar, wenn man Joghurt vermisst

EISMASCHINE Die günstigeren Eismaschinen haben eine Schüssel, die vor Gebrauch tiefgekühlt werden muss. So eine besaß ich auch und war mit den Ergebnissen ganz zufrieden: Bei kleinen Portionen lieferte sie durchaus passables Eis. Leider hatte ich selten Gelegenheit, Eis zu machen, weil mein Tiefkühlfach immer zu voll war, um die Schüssel vorzukühlen. Seither liebäugle ich mit einer Eismaschine mit Kompressor. Es geht aber auch ohne: Die Eismasse in einem großflächigen, flachen Gefäß einfrieren. Dann kurz antauen lassen und in Stücke schneiden. Diese im Mixer oder mit dem Pürierstab fein pürieren. Das Eis, das dabei entsteht, ist recht weich. Wenn man es aber nochmals kurz ins Gefrierfach stellt, kann man schöne Kugeln daraus formen.

FAZIT: Eine Eismaschine ist verzichtbar.

WAFFELEISEN UND DONUT-MAKER Bevor ich Kinder hatte, gab es bei uns nie Waffeln. Jetzt ist Waffel- und Donutbacken eine beliebte Beschäftigung an Regentagen. Mein Waffeleisen ist ein günstiges Standardmodell, mit dem ich sehr zufrieden bin. Der Donut-Maker kommt fast noch öfter zum Einsatz, auch er ist ein günstiges Modell, das zuverlässig seinen Dienst tut.

FAZIT: In Haushalten mit Kindern lohnen sich beide Geräte.

NUSSMILCHBEUTEL Regelmäßig zwei- bis dreimal im Monat bereite ich Nussmilch zu. Zunächst nutzte ich dafür ein Sieb und ein Küchentuch. Dabei rissen immer wieder die Tücher, sodass ich schließlich einen Nussmilchbeutel aus ganz feinem, reißfestem Stoff bestellte. Eine großartige Entscheidung! Er hält lange und liefert wunderbare Ergebnisse.

FAZIT: eine preiswerte, lohnende Anschaffung

BACKFORMEN In meinem Küchenschrank türmen sich Backformen in allen möglichen Größen. Folgende nutze ich regelmäßig:

Springform 26 cm ø: Ein Basisteil, das in keiner Küche fehlen sollte. Ich habe meine mit einem passenden Deckel gekauft, sodass ich den Kuchen auch in der Backform transportieren kann. Ideal für Rührkuchen und Tartes.

Springform 24 cm ø: Gehaltvollere Kuchen backe ich gerne in dieser kleineren Backform.

Kastenform 11 x 31 cm: Ebenfalls ein unverzichtbares Basisteil. Auch für diese Form besitze ich einen Deckel, der den Transport erleichtert.

Muffinblech mit zwölf Mulden: Kommt in meiner Küche oft zum Einsatz, und nicht nur für Muffins und Cupcakes. Auch kleine Tartelettes lassen sich darin zubereiten.

Mini-Muffinblech mit 24 Mulden: Als ich dieses Blech kaufte, hielt ich es zunächst für eine Spielerei, und war dann selbst überrascht, wie oft ich es aus dem Schrank holte. Es ist sehr vielseitig nutzbar und zaubert Gebäck in perfekter Fingerfoodgröße. Zum Kindergeburtstag meiner Kinder backe ich darin Mini-Muffins, die sehr gut ankommen. Aber auch für Mini-Cupcakes und -Tartelettes ist das Blech bestens geeignet.

Silikonform für *cannelés*: Wer diese französischen Küchlein mit karamellisierter Kruste und weichem Inneren backen (und damit seine Umgebung beeindrucken) möchte, braucht eine *cannelés*-Backform. Ich mag am liebsten Formen für Mini-*cannelés*, weil diese schneller durchbacken und die perfekte Portionsgröße haben. Stilecht backt man *cannelés* in Kupferförmchen, doch die sind nur im sehr gut sortierten Fachhandel teuer zu kaufen. Außerdem fehlt mir die Geduld für die Handhabung, da jede Form penibel eingefettet werden muss. Ich habe mit meinen Silikon-Backformen beste Erfahrungen gemacht.

Auflaufform 26 x 14 cm und 20 x 30 cm: Crumbles und Crisps backe ich in einer Keramikauflaufform. Für den Familiengebrauch nehme ich die kleinere. Wenn ich für größere Gruppen backe, verdopple ich das Rezept und backe es in einer größeren Auflaufform aus Glas. Beides klappt super.

KANN MAN HABEN,
MUSS MAN ABER NICHT:
quadratische Backform 23 x 23 cm: Dies ist die Backform, die ich am häufigsten benutze. Das hat rein subjektive Gründe: Ich mag quadratische Kuchen und finde sie besonders dekorativ. In dieser Form backe ich am liebsten Brownies (siehe Seite 65) und Rührkuchen. Sie lässt sich problemlos durch die 26-cm-Springform ersetzen.

Tarte-Tatin-Form 28 cm ø: Ich liebe diese gestürzten Obstkuchen! Der französische Klassiker wird mit Äpfeln zubereitet, doch es gibt unendliche Abwandlungsmöglichkeiten (siehe Seite 88). Weil ich häufig Tartes Tatin backe, entschied ich mich zum Kauf einer speziellen Form aus Gusseisen mit zwei Henkeln für einfaches Stürzen nach dem Backen. Bereut habe ich das nicht.

Allerdings kann man das Obst auch in einer regulären Pfanne karamellisieren, in eine mit Backpapier ausgelegte Springform oder Auflaufform umfüllen, mit der Teigplatte bedecken und backen.

Madeleine-Blech mit zwölf Mulden: Diese kleinen französischen Kuchen sehen sehr dekorativ aus und machen bei jeder Party etwas her. Für mich sind sie ein Stück Kindheit und ich backe sie sehr häufig, daher war es keine Frage, mir eine Backform dafür zu kaufen. Ich besitze zwei Bleche für Mini-Madeleines (auch »Bärentatzen« genannt). Sie liefern großartige Backergebnisse. Mit Silikonformen hatte ich kein Glück.

Silikonbackform für Mini-*financiers* mit 24 Mulden: Noch ein französisches Gebäck, das mir sehr am Herzen liegt und das ich häufig in vielen verschiedenen Variationen zubereite (siehe Seiten 121–122). Ich finde, dass *financiers* in einer speziellen Silikonform optimal geraten. Ich habe sie aber auch schon mit großartigen Ergebnissen im Mini-Muffinblech gebacken, dann sollte man die Mulden aber höchstens zur Hälfte füllen.

Kranz- bzw. Gugelhupfbackform: In diesen Formen lassen sich dekorative Rührkuchen backen. Wer keinen Platz hat, kann Rührteige auch einfach in der Kastenform backen.

Pie- und Tarteform: Ich bekam eine wunderhübsche Pie-Form aus Keramik geschenkt, die ich sehr mag und für stilechte Pies benutze. Auch eine Tarteform kommt bei mir regelmäßig zum Einsatz. Pies und Tartes gelingen in einer Springform aber ebenso gut.

ANFORDERUNGEN

Die Rezepte in diesem Buch sind durch drei verschiedene Schwierigkeits- und Aufwandsgrade ausgezeichnet:

LEICHT/GERING = ★
MITTEL = ★★
SCHWER/HOCH = ★★★

Jeder Backofen bäckt anders, so kann von Ofen zu Ofen die Backzeit variieren. Diese Erfahrung musste ich machen, nachdem ich einen neuen Backofen gekauft hatte. Bitte betrachten Sie also die in den Rezepten angegebenen Backzeiten eher als Anhaltspunkt. Halten Sie Ihr Gebäck während des Backens gut im Blick. Meist ist es fertig gebacken, wenn es schön gebräunt ist. Bei Kuchen führen Sie unbedingt die Stäbchenprobe durch: Der Kuchen ist – sofern im Rezept nicht anders angegeben - fertig, wenn am Stäbchen kein Teig mehr haftet. Wenn nach Ende der angegebenen Backzeit noch feuchter Teig am Stäbchen klebt, einfach den Kuchen im Backofen lassen und die Stäbchenprobe ein paar Minuten später wiederholen.

KUCHEN & TORTEN

Mein Backstil ist eher einfach: Ich mag rustikale, saftige Kuchen ohne viel Chichi, mit wenigen Arbeitsschritten und gerne mit einem überraschenden Twist. Doch manchmal muss etwas Feineres her: Dann staple ich Rührkuchen oder Biskuit zu Schichttorten und hübsche das Ganze mit köstlicher Baisercreme auf – und freue mich über die glücklichen Gesichter ringsherum, wenn das Kunstwerk vernascht wird.

MARMORKUCHEN MIT BANANE

ZUBEREITUNG 10 MIN | BACKZEIT 40 MIN | SCHWIERIGKEIT ★ | AUFWAND ★

Diesen Kuchen hätten bestimmt schon die Steinzeitmenschen geliebt ... Banane und Schokolade sind hier das Traumpaar. Je reifer die Banane, desto süßer und fruchtiger schmeckt der Kuchen. Eine Tasse Kaffee dazu und der Tag ist dein Freund!

FÜR 1 KUCHEN

330 g Bananen (je reifer, desto süßer wird der Kuchen)
60 ml Ahornsirup
4 Eier
50 g weiches Ghee
50 g weiches Kokosöl
60 ml Kokosmilch
60 g Kokosmehl
1 TL Natron
1 TL Backpulver
½ TL Zimt (nach Belieben)
1 Prise Salz
1 Prise gemahlene Vanille
25 g Kakao

FÜR DIE GLASUR (NACH BELIEBEN)

70 g dunkle Schokolade (70 % Kakaoanteil)
1 TL Kokosöl

Den Backofen auf 180 °C vorheizen. Eine Springform (26 cm ø) oder Kastenform mit Backpapier auslegen.

Die Bananen, den Ahornsirup, die Eier, das Ghee, das Kokosöl und die Kokosmilch im Mixer oder mit dem Pürierstab zu einer glatten Masse verarbeiten. Das Kokosmehl, das Natron, das Backpulver, nach Belieben Zimt, das Salz und die Vanille zu der Eiermischung sieben und alles klümpchenfrei verrühren.

Die Hälfte des Teigs in die vorbereitete Backform gießen. Den Kakao zu dem restlichen Teig sieben und alles klümpchenfrei verrühren. Den dunklen Teig auf den hellen in die Form gießen und beide Teigschichten mit einer Gabel leicht verwirbeln.

Den Kuchen im Backofen etwa 40 Minuten backen. Wenn bei der Stäbchenprobe kein Teig mehr am Stäbchen haftet, herausnehmen und in der Form auskühlen lassen.

Nach Belieben für die Glasur die Schokolade und das Kokosöl im Wasserbad schmelzen und die Mischung auf dem ausgekühlten Kuchen verstreichen.

NÄHRWERT PRO STÜCK: 222 kcal, 5 g EW, 15 g F, 14 g KH

KARAMELLKUCHEN MIT ZWEI BLÜTEN

ZUBEREITUNG 20 MIN | BACKZEIT 35 MIN | KÜHL- UND RUHEZEIT 20 MIN | SCHWIERIGKEIT ★ | AUFWAND ★

Biber Kasimir hat Geburtstag und backt mit seinem Kumpel Frippe Kuchen. Meine Kinder lieben diese Geschichte. Auf der letzten Seite von Kasimir backt *verrät Kasimir sein Rezept. Das habe ich bis zur Unkenntlichkeit »paleo-isiert« und herausgekommen ist ein wunderbar karamelliger, fluffiger Kuchen. Wichtig: Hier lohnt es sich, echten Kokosblütenzucker zu verwenden, denn zusammen mit dem Fleur de Sel verleiht er dem Kuchen sein gewisses Etwas.*

FÜR 1 KUCHEN

120 g Ghee
120 g gemahlene Mandeln
70 g Kastanienmehl
60 g Tapiokastärke
2 gehäufte TL Backpulver
1/4 TL Zimt
1/4 TL gemahlene Vanille
3 Eier
100 g Kokosblütenzucker, plus 1 EL zum Bestreuen
60 g Honig
180 ml Kokosmilch
1 Prise Fleur de Sel

Den Backofen auf 170 °C vorheizen und eine Springform (26 cm ø) oder quadratische Backform (23 x 23 cm) einfetten oder mit Backpapier auskleiden.

Das Ghee schmelzen. Die gemahlenen Mandeln, das Kastanienmehl, die Tapiokastärke, das Backpulver, den Zimt und die gemahlene Vanille mischen und in eine Schüssel sieben.

Die Eier, den Kokosblütenzucker und den Honig mit dem Handrührgerät schaumig schlagen, bis sich der Zucker so weit wie möglich aufgelöst hat. Das flüssige Ghee und die Kokosmilch unter die Ei-Zucker-Masse ziehen.

Die Mehlmischung in drei Portionen unter die Masse rühren. Den Teig in die vorbereitete Backform füllen und die Oberfläche mit dem restlichen Kokosblütenzucker und etwas Fleur de Sel bestreuen.

Den Kuchen im vorgeheizten Backofen etwa 35 Minuten backen. Sollte der Zucker auf der Oberfläche zu dunkel werden, den Kuchen mit Backpapier abdecken. Wenn bei der Stäbchenprobe kein Teig mehr am Stäbchen haftet, den Kuchen aus dem Ofen nehmen. 10 Minuten in der Form ruhen lassen, dann zum Abkühlen auf ein Kuchengitter setzen. Schmeckt lauwarm und kalt. Luftdicht verpackt hält er sich 3 Tage frisch.

NÄHRWERT PRO STÜCK: 287 kcal, 4 g EW, 20 g F, 21 g KH

ZIMT-APFELKUCHEN

ZUBEREITUNG 20 MIN | BACKZEIT 35 MIN | SCHWIERIGKEIT ★ | AUFWAND ★★

Dieser Kuchen erinnert mich an den bodenständigen Apfelkuchen, den meine Oma früher immer gebacken hat: saftig, zimtig und mit einer würzig-herben Karamellnote. Er wird mit ballaststoffreichem Kokosmehl gebacken, das heißt, er macht lange satt – und glücklich!

Eine Springform (26 cm ø) mit Backpapier auskleiden.

Die Äpfel waschen, schälen, vom Kerngehäuse befreien und in Achtel schneiden. Bei mittlerer Temperatur eine Pfanne erhitzen und darin das Ghee und den Zucker karamellisieren. Die Apfelspalten, das Salz und die Vanille dazugeben und alles 4–5 Minuten braten. Die Pfanne vom Herd nehmen und die Äpfel abkühlen lassen.

Den Backofen auf 180 °C vorheizen. Die Cashewkerne, den Apfelsaft, die Zitronenschale, den Honig, den Ahornsirup, die Eier, das Ghee, das Kokosöl und die Kokosmilch im Mixer oder mit dem Pürierstab zu einer glatten Masse verarbeiten. Bei Verwendung eines Pürierstabs die Cashewkerne zuvor mindestens 3 Stunden in kaltem Wasser einweichen.

Das Kokosmehl, das Maniokmehl oder die Stärke, das Salz, die Vanille, den Zimt und das Natron zu der Cashewmischung in eine Schüssel sieben und alles klümpchenfrei verrühren. Die Mischung etwa 5 Minuten quellen lassen, dann nochmals umrühren. Die beim Braten der Äpfel ausgetretene Flüssigkeit abschöpfen und unter den Teig rühren.

Den Teig in die Springform füllen und dekorativ mit den Apfelspalten belegen. Den Kuchen im heißen Backofen etwa 35 Minuten backen. Falls er während des Backens zu dunkel wird, mit einem Blatt Backpapier abdecken.

Wenn bei der Stäbchenprobe kein Teig mehr am Stäbchen haftet, den Kuchen aus dem Ofen nehmen und in der Form abkühlen lassen. Er hält sich luftdicht verpackt bis zu drei Tage.

TIPP: Dazu schmecken eine Kugel Vanilleeis (siehe Seite 170) oder ein Klecks Kokos- oder Cashewsahne (siehe Seite 189) ganz wunderbar.

NÄHRWERT PRO STÜCK: 241 kcal, 5 g EW, 13 g F, 24 g KH

FÜR 1 KUCHEN

FÜR DIE ÄPFEL

3 mittelgroße Äpfel
15 g Ghee
40 g Kokosblütenzucker
Salz
gemahlene Vanille

FÜR DEN TEIG

75 g Cashewkerne
125 ml Apfel-Direktsaft
abgeriebene Schale von
½ unbehandelten Zitrone
60 g Honig
50 g Ahornsirup
4 Eier
30 g weiches Ghee
30 g weiches Kokosöl
70 ml Kokosmilch
90 g Kokosmehl
45 g Maniokmehl oder Tapiokastärke
1 Prise Salz
1 Prise gemahlene Vanille
½ TL Zimt
1 TL Natron

RÜHRKUCHEN MIT ERDMANDELMEHL

ZUBEREITUNG 20 MIN | BACKZEIT 35 MIN | SCHWIERIGKEIT ★ | AUFWAND ★ bis ★★

Besonders fein oder elegant ist dieser Kuchen nicht – eher rustikal, würzig und mit fester Kruste. Ich finde ihn perfekt zum Mitnehmen, weil er sehr wenig krümelt, nur mild gesüßt ist und lange sättigt. Oft belege ich ihn vor dem Backen mit Apfel- oder Birnenscheiben, aber auch ohne schmeckt er lecker, vor allem mit einem Teelöffel Schokocreme (siehe Seite 206) bestrichen.

Den Backofen auf 180 °C vorheizen und eine Springform (26 cm ø), oder quadratische Backform (23 x 23 cm) mit Backpapier auskleiden.

Das Ghee, die Eier, die Erdmandelmilch, die Kokosmilch, die Datteln und den Zucker mit dem Pürierstab oder im Mixer zu einer glatten Masse verarbeiten.

Das Erdmandelmehl zu der Ei-Mischung geben. Dann das Kastanienmehl, das Kokosmehl, das Maniokmehl, die Tapiokastärke, das Backpulver, das Salz, die Vanille und den Zimt dazusieben und alles klümpchenfrei verrühren. Den Teig in die Springform füllen.

Nach Belieben zwei Äpfel schälen, in Spalten schneiden und in die Teigoberfläche drücken. Mit 1 TL Kokosblütenzucker bestreuen und den Kuchen im Backofen 35 Minuten backen.

Wenn bei der Stäbchenprobe kein Teig mehr am Stäbchen haftet, den Kuchen aus dem Ofen nehmen und in der Springform auskühlen lassen.

Schmeckt warm oder kalt. Je länger er in einer luftdicht schließenden Dose lagert, desto würziger wird der Kuchen.

FÜR 1 KUCHEN

120 g weiches Ghee
3 Eier
120 ml Erdmandelmilch (siehe Seite 190)
60 ml Kokosmilch
75 g weiche Medjool-Datteln
30 g Kokosblütenzucker, plus 1 TL zum Bestreuen (nach Belieben)
90 g Erdmandelmehl
85 g Kastanienmehl
15 g Kokosmehl
30 g Maniokmehl
30 g Tapiokastärke
2 TL Backpulver
1 Prise Salz
1 Prise gemahlene Vanille
1/4 TL Zimt
2 Äpfel (nach Belieben)

NÄHRWERT PRO STÜCK: 274 kcal, 4 g EW, 18 g F, 22 g KH

JAFFA-KUCHEN
OMBRE-TORTE MIT
CLEMENTINEN-BAISERCREME

TOMATENKUCHEN MIT APRIKOSEN
CRÊPES-TORTE MIT SCHOKOCREME

JAFFA-KUCHEN

ZUBEREITUNG 40 MIN | BACKZEIT 30 MIN | KÜHL- UND RUHEZEIT 10 STD | SCHWIERIGKEIT ★ | AUFWAND ★★

In meinem Elternhaus gehörten Jaffa-Kekse, Biskuitkekse mit einer Schicht Orangengelee und Kuvertüre überzogen, zu den Standardsnacks. Heute mag ich die Kombination von Schokolade und Orange sogar noch lieber als damals, also begann ich, meine eigene Rezeptur zu entwickeln. Das Ergebnis ist dieser Kuchen: schnell gemacht, hübsch anzusehen und zeitlos lecker, mit einem Hauch der 1980er. (Abbildung Seite 44)

Das Orangengelee am besten am Vortag zubereiten. Dazu eine Springform (24 cm ø) mit Backpapier auskleiden. In einem kleinen Topf die Gelatine 5 Minuten in dem Orangensaft quellen lassen. Dann nach Belieben den Honig einrühren und alles unter Rühren erhitzen, bis sich die Gelatine vollständig aufgelöst hat. Die Mischung in die Springform gießen und abkühlen lassen, dann über Nacht im Kühlschrank fest werden lassen.

Für den Biskuit den Backofen auf 180 °C vorheizen. Eine Springform (26 cm ø) mit Backpapier auskleiden. Die Eier trennen. Das Eiweiß mit einer Prise Salz steif schlagen. Das Eigelb und den Honig hell und cremig schlagen. Das Maniokmehl, die Tapiokastärke und das Kastanienmehl mischen, zu der Ei-Masse sieben und alles zu einem glatten Teig verarbeiten. Den Orangenabrieb unterrühren. Den Eischnee unter den Teig heben und diesen in die vorbereitete Springform füllen. Etwa 30 Minuten backen, bis bei der Stäbchenprobe kein Teig mehr am Stäbchen kleben bleibt. Den Kuchen aus dem Ofen nehmen und 10 Minuten ruhen lassen, dann aus der Form lösen und auf einem Kuchengitter auskühlen lassen.

Für die Ganache in einem Topf die Kokosmilch aufkochen. Die Schokolade zerkleinern und in die Kokosmilch geben. Die Mischung vom Herd ziehen und 10 Minuten ruhen lassen. Dann rühren, bis eine glatte Schokocreme entstanden ist. Auf Zimmertemperatur abkühlen lassen.

In einem anderen Topf die Orangenmarmelade erwärmen. Den Biskuit auf eine Kuchenplatte setzen und mit der Orangenmarmelade bestreichen. Das erkaltete Orangengelee mittig auf den Biskuitboden stürzen, dann vorsichtig das Backpapier abziehen. Die Ganache behutsam auf der Geleeschicht verstreichen. Abkühlen und fest werden lassen.

Den Kuchen mit abgeriebener Orangenschale dekorieren.

NÄHRWERT PRO STÜCK: 189 kcal, 4 g EW, 10 g F, 20 g KH

FÜR 1 KUCHEN

FÜR DAS ORANGENGELEE

10 g gemahlene Gelatine
300 ml frisch gepresster Orangensaft (Saft von 3–4 Orangen)
1 TL (10 g) Honig (nach Belieben)

FÜR DEN BISKUIT

4 Eier
1 Prise Salz
90 g Honig
50 g Maniokmehl
20 g Tapiokastärke
20 g Kastanienmehl
abgeriebene Schale von 1 unbehandelten Orange

FÜR DIE GANACHE

150 ml Kokosmilch
150 g dunkle Schokolade (70 % Kakaoanteil)
2 EL Orangenmarmelade
etwas abgeriebene Orangenschale

OMBRE-TORTE
MIT CLEMENTINEN-BAISERCREME

ZUBEREITUNG 60 MIN | BACKZEIT 15 MIN | SCHWIERIGKEIT ★★ | AUFWAND ★★★

Von einem Bummel durch einen Haushaltswarenladen brachte ich einmal ein Set Schichtkuchenformen mit. Ich hatte oft Bilder von Torten mit verschiedenfarbigen Teigschichten, sogenannten »Ombre«-Torten, gesehen (»ombre« ist Französisch für »Schatten«). Und so entstand meine Paleo-Version – eine Torte mit Wow-Faktor. (Abbildung Seite 44)

Am Vortag die Clementinencreme zubereiten, wie auf Seite 205 beschrieben, und kalt stellen.

Den Backofen auf 160 °C vorheizen. Fünf gleich große Backformen (15 cm ø) mit Ghee einfetten und im Kühlschrank kalt stellen. (Alternativ die Böden nacheinander backen.)

Für den Biskuit die Eier trennen. Das Eigelb und den Honig cremig aufschlagen. Das Maniokmehl, die Tapiokastärke, das Salz und die Vanille mischen, zu der Ei-Mischung sieben und alles zu einem glatten Teig verrühren. Den Orangenabrieb untermischen. Das Eiweiß steif schlagen und unter den Teig heben.

Ein Fünftel des Teigs in die erste Backform füllen. 1 EL Rote-Bete-Pulver zu dem restlichen Teig sieben und unterrühren. Die zweite Backform mit Teig füllen. So viel Rote-Bete-Pulver zum restlichen Teig geben, dass er deutlich dunkler wird. Die dritte Backform füllen. Das Aroniabeerenpulver zu dem restlichen Teig sieben und unterrühren. Die vierte Form mit Teig füllen. Den Kakao in den restlichen Teig einrühren und diesen in die letzte Backform füllen.

Die Teigböden etwa 13 Minuten backen, bis bei der Stäbchenprobe kein Teig mehr am Stäbchen haftet. Aus dem Ofen nehmen und etwas ruhen lassen, dann aus den Formen lösen und auskühlen lassen. Inzwischen die Baisercreme herstellen, wie auf Seite 209 beschrieben.

Die abgekühlten Tortenböden mehrmals einstechen. Den dunkelsten auf eine Kuchenplatte legen und mit Clementinencreme bestreichen. Den nächst helleren darauflegen und ebenfalls bestreichen. Auf diese Weise alle Böden bis zum hellsten oben schichten. 1 EL Clementinencreme unter die Baisercreme rühren und die Torte rundherum damit bestreichen. Bis zum Servieren in den Kühlschrank stellen.

NÄHRWERT PRO STÜCK: 186 kcal, 6 g EW, 8 g F, 24 g KH

FÜR 1 TORTE

FÜR DEN BISKUIT

7 Eier
150 g heller Honig
55 g Maniokmehl
35 g Tapiokastärke
1 Prise Salz
1 Prise gemahlene Vanille
abgeriebene Schale von ½ unbehandelten Orange
2–3 EL Rote-Bete-Pulver
1 TL Aroniabeerenpulver
¼ TL Kakao

FÜR DIE TORTE

½ Rezeptmenge Clementinencreme (siehe Seite 205) oder eine andere Zitrusfruchtcreme
1 Rezeptmenge Baisercreme (siehe Seite 209)

CRÊPES-TORTE MIT SCHOKOCREME

ZUBEREITUNG 50 MIN | SCHWIERIGKEIT ★ | AUFWAND ★★

Backen ganz ohne Weizenmehl und Kuhmilch? Diese Torte ist das beste Beispiel dafür, dass das fantastisch funktioniert. Kochbananen sind die Basis für den Crêpes-Teig und die Schokocreme besteht größtenteils aus Avocado. Das Ergebnis: eine herrlich cremige Torte, die nicht nur Schokofans glücklich macht! (Abbildung Seite 44)

FÜR 1 TORTE

FÜR DIE CRÊPES

250 g Kochbananen (je reifer die Kochbananen, desto süßer werden die Crêpes)
6 Eier
250 ml Mandelmilch
1 Prise Salz
1 EL weiches Kokosöl plus etwas zum Backen
1 TL (10 g) Honig

FÜR DIE TORTE

4 Rezeptmengen Avocado-Schokocreme (siehe Seite 206)
frisches Obst (z. B. Himbeeren) zum Dekorieren

Die Kochbananen schälen und in den Mixer oder ein hohes Rührgefäß geben. Die Eier, die Mandelmilch, das Salz, das Kokosöl und den Honig zugeben und alles zu einem glatten Teig verarbeiten.

Eine kleine Pfanne dünn mit Kokosöl einfetten und bei mittlerer Temperatur erhitzen. Wenn die Pfanne heiß ist, eine Kelle Teig hineingießen. Sobald sich der Teig leicht von der Pfanne lösen lässt, den Crêpe wenden und fertig backen. Den fertigen Crêpe auf einen Teller legen. Auf diese Weise zwölf kleine, dünne Crêpes ausbacken.

Die Avocado-Schokocreme zubereiten, wie auf Seite 206 beschrieben. Nach Belieben zusätzlich süßen.

Einen Crêpe auf einen Kuchenteller legen und gleichmäßig mit Schokocreme bestreichen. Einen weiteren Crêpe auf die Schokocreme legen und ebenfalls mit Schokocreme bestreichen. So fortfahren, bis alle Crêpes mit Schokocreme bestrichen und zu einer Torte aufgestapelt wurden. Mit einer Schicht Schokocreme abschließen.

Die Torte nach Belieben mit frischem Obst, zum Beispiel Himbeeren, belegen und servieren. Reste luftdicht verpacken und spätestens am nächsten Tag essen.

TIPP: Die Crêpes am besten parallel in zwei Pfannen backen, dann geht es schneller.

NÄHRWERT PRO STÜCK: 261 kcal, 8 g EW, 17 g F, 16 g KH

TOMATENKUCHEN MIT APRIKOSEN

ZUBEREITUNG 15 MIN | BACKZEIT 35 MIN | KÜHL- UND RUHEZEIT 20 MIN | SCHWIERIGKEIT ★ | AUFWAND ★

Bisher hat noch niemand die Geheimzutat dieses Kuchens erraten. Es sind passierte Tomaten! In den 1920er-Jahren war in den USA ein Rezept für Rührkuchen mit »Campbell's tomato soup« populär. Da das Originalrezept jedoch mit Dosensuppe und Weizenmehl arbeitet, musste ich mir etwas einfallen lassen. (Abbildung Seite 44)

FÜR 1 KUCHEN

120 g Ghee
150 g gemahlene Mandeln
50 g Maniokmehl
50 g Tapiokastärke
2 gehäufte TL Backpulver
1/4 TL Zimt
Salz
1/4 TL gemahlene Vanille
3 Eier
abgeriebene Schale von 1 Zitrone
130 g Kokosblütenzucker, plus 1 EL zum Bestreuen
60 g Honig
20 ml Kokosmilch
160 g passierte Tomaten
100 g getrocknete oder frische Aprikosen (nach Belieben)

Den Backofen auf 170 °C vorheizen und eine Springform (26 cm ø) einfetten oder mit Backpapier auskleiden.

Das Ghee schmelzen. Die Mandeln, das Maniokmehl, die Tapiokastärke, das Backpulver, den Zimt, etwas Salz und die gemahlene Vanille mischen und in eine Schüssel sieben.

Die Eier, die Zitronenschale, den Kokosblütenzucker, den Honig, das flüssige Ghee, die Kokosmilch und die passierten Tomaten mit dem Pürierstab oder im Mixer zu einer glatten Masse verarbeiten.

Die Mehlmischung in drei Portionen sorgfältig unter die Eimasse rühren. Nach Belieben die Aprikosen in kleine Stücke schneiden und unter den Teig heben. Den Teig in die vorbereitete Backform füllen und die Oberfläche mit Kokosblütenzucker bestreuen.

Den Kuchen im vorgeheizten Backofen etwa 35 Minuten backen. Sollte der Zucker zu dunkel werden, den Kuchen mit einem Blatt Backpapier abdecken. Wenn bei der Stäbchenprobe am Stäbchen kein Teig mehr haftet, den Kuchen aus dem Ofen nehmen. In der Form 10 Minuten ruhen lassen, dann aus der Form lösen und mit Backpapier zum Abkühlen auf ein Kuchengitter setzen. Schmeckt lauwarm und kalt.

NÄHRWERT PRO STÜCK MIT GETROCKNETEN APRIKOSEN:
293 kcal, 5 g EW, 19 g F, 26 g KH

NÄHRWERT PRO STÜCK MIT FRISCHEN APRIKOSEN:
275 kcal, 4 g EW, 19 g F, 23 g KH

SAUERKIRSCH-MOHN-KUCHEN MIT ZIMT

ZUBEREITUNG 20 MIN | BACKZEIT 30 MIN | SCHWIERIGKEIT ★ | AUFWAND ★

Vor Jahren entdeckte ich ein mehlfreies Mohnkuchenrezept. Das mochte ich so gern, dass ich keine anderen mehr ausprobierte, sondern nur mein Standardrezept immer wieder abwandelte. Zuletzt erhielt es seinen »Paleo-Anstrich«. Für das Ergebnis erhalte ich viele Komplimente.

Den Backofen auf 180 °C vorheizen und eine Springform (26 cm ø) einfetten oder mit Backpapier auskleiden.

Die Eier trennen. Das Ghee, das Kokosöl, den Honig und den Ahornsirup mit dem Handrührgerät cremig rühren. Das Eigelb dazugeben und gründlich untermischen. Das Salz, den Zitronenabrieb, den Zimt, die Mandeln, die Tapiokastärke und den Mohn sowie nach Belieben den Mandelextrakt zugeben und alles mit dem Handrührgerät sorgfältig verquirlen.

Das Eiweiß steif schlagen. Ein Drittel des Eischnees unter die Mohnmischung heben und alles behutsam zu einer homogenen Masse vermengen. Auf diese Weise auch die anderen beiden Portionen Eischnee einarbeiten.

Den Teig zügig in die vorbereitete Backform geben und mit gefrorenen Kirschen belegen. Diese leicht in den Teig drücken.

Den Kuchen im vorgeheizten Backofen etwa 30 Minuten backen, bis die Oberfläche leicht gebräunt ist. Wenn bei der Stäbchenprobe am Stäbchen kein Teig mehr haftet, den Kuchen aus dem Ofen nehmen und auf einem Kuchengitter auskühlen lassen.

In einem kleinen Topf die Konfitüre bei niedriger Temperatur erwärmen, bis sie flüssig ist. Den noch warmen Kuchen mithilfe eines Backpinsels mit der Marmelade bestreichen.

Luftdicht verpackt hält sich der Kuchen 3 Tage.

NÄHRWERT PRO STÜCK: 268 kcal, 7 g EW, 22 g F, 12 g KH

FÜR 1 KUCHEN

4 Eier
60 g weiches Ghee
60 g weiches Kokosöl
70 g Honig
30 g Ahornsirup
1 Prise Salz
abgeriebene Schale von ½ unbehandelten Zitrone
½ TL Zimt
80 g gemahlene Mandeln
20 g Tapiokastärke
170 g Mohn, bevorzugt gemahlen
1 TL Mandelextrakt (nach Belieben)
300 g entsteinte Sauerkirschen (TK oder frisch)
2 EL Aprikosenkonfitüre ohne Zucker

CHAI-KUCHEN
MIT GEBRANNTEN MANDELN

ZUBEREITUNG 30 MIN | BACKZEIT 35 MIN | KÜHL- UND RUHEZEIT 20 MIN | SCHWIERIGKEIT ★ | AUFWAND ★

Der Duft nach Zimt, Ingwer und karamellisierter Mandel weckt in mir das Bedürfnis nach einer Tasse Tee und einem Nachmittag auf dem Sofa. Dieser Kuchen ist der ideale Begleiter für so eine gemütliche Runde Nichtstun.

FÜR 1 KUCHEN

120 g Ghee
120 g gemahlene Mandeln
180 ml Kokosmilch
3 Beutel *chai*-Tee (siehe Tipp)
70 g Kastanienmehl
60 g Tapiokastärke
2 gehäufte TL Backpulver
1/4 TL Zimt
1/4 TL gemahlene Vanille
3 Eier
60 g Kokosblütenzucker, plus 1 EL zum Bestreuen
80 g Honig
2 EL Mandelblättchen
Fleur de Sel

Den Backofen auf 170 °C vorheizen und eine Springform (26 cm ø) einfetten oder mit Backpapier auskleiden.

Das Ghee schmelzen. Die gemahlenen Mandeln in einer Pfanne ohne Fett bei mittlerer Temperatur goldbraun rösten. Die Kokosmilch aufkochen. Die Teebeutel hineinhängen und 10 Minuten darin ziehen lassen. Dann herausnehmen und die Kokosmilch abkühlen lassen.

Die abgekühlten gerösteten Mandeln, das Kastanienmehl, die Tapiokastärke, das Backpulver, den Zimt und die gemahlene Vanille mischen und in eine Schüssel sieben.

Die Eier, den Kokosblütenzucker und den Honig mit dem Handrührgerät schaumig schlagen, bis sich der Zucker aufgelöst hat. Das flüssige Ghee und die abgekühlte Kokosmilch unter die Masse rühren.

Die Mehlmischung in drei Portionen unter die Kokosmilchmasse ziehen. Den Teig in die vorbereitete Backform füllen und die Oberfläche mit Mandelblättchen, Fleur de Sel und Kokosblütenzucker bestreuen.

Den Kuchen im vorgeheizten Backofen etwa 35 Minuten backen. Sollte der Zucker zu dunkel werden, den Kuchen mit Backpapier abdecken. Wenn bei der Stäbchenprobe am Stäbchen kein Teig mehr haftet, den Kuchen aus dem Ofen nehmen.

Den Kuchen 10 Minuten in der Form ruhen lassen, dann aus der Form lösen und zum Abkühlen auf ein Kuchengitter setzen. Schmeckt lauwarm und kalt.

TIPP: *Chai*-Tee enthält neben den typischen Gewürzen auch Schwarztee. Wer den nicht verträgt oder mag, kann anstelle des *chai* auch einen reinen Gewürztee (zum Beispiel Yogi-Tee) verwenden.

NÄHRWERT PRO STÜCK: 294 kcal, 5 g EW, 22 g F, 19 g KH

BANANEN-VANILLE-KUCHEN

ZUBEREITUNG 15 MIN | BACKZEIT 35 MIN | SCHWIERIGKEIT ★ | AUFWAND ★

Kuchen zum Frühstück? Dieser ist perfekt dafür: Seine Süße erhält er nur aus Bananen und dank Kokosmehl und Ei hält er stundenlang satt. Ich friere ihn oft portionsweise ein und nehme abends ein Stück für den nächsten Morgen aus der Tiefkühltruhe. Die Süße des Kuchens hängt vom Reifegrad der Bananen ab: je dunkler die Bananen, desto aromatischer.

FÜR 1 KUCHEN

50 g Kokosmehl
75 g Natron
1 Prise Salz
1 Msp. gemahlene Vanille
75 g Kokosöl
6 Eier
200 g Bananen ohne Schale

Den Backofen auf 170 °C vorheizen und eine Springform (26 cm ø) einfetten oder mit Backpapier auskleiden.

Das Kokosmehl, das Natron, das Salz und die gemahlene Vanille in eine Schüssel sieben. Das Kokosöl, die Eier und die Bananen in eine andere Schüssel geben und mit dem Pürierstab fein pürieren. Dann das Mehl zu der Bananenmischung geben und alles gut mischen.

Den Teig in die vorbereitete Backform füllen und den Kuchen etwa 35 Minuten backen. Wenn bei der Stäbchenprobe am Stäbchen kein Teig mehr haftet, den Kuchen aus dem Ofen nehmen. Vorsicht: Nicht zu lange backen, sonst wird der Kuchen schnell trocken! Auf einem Kuchengitter abkühlen lassen.

Bleibt luftdicht verpackt bis zu 2 Tage frisch. Reste einfrieren.

NÄHRWERT PRO STÜCK: 127 kcal, 5 g EW, 10 g F, 5 g KH

ERIKAS CRANBERRY-TORTE

ZUBEREITUNG 45 MIN | BACKZEIT 40 MIN | KÜHLZEIT 20 MIN | SCHWIERIGKEIT ★ | AUFWAND ★★

Wann immer wir meine Schwiegermutter besuchen, backt sie eine üppige, köstliche Torte mit Schoko-Nuss-Boden, Preiselbeerkompott und Sahne. Als ich ihr von diesem Buch erzählte, gab sie mir sofort ihr Rezept. Hier ist die Paleo-Version: mit Cranberrycreme anstelle von Preiselbeerkompott und Baisercreme statt Sahne.

FÜR 1 TORTE

200 g gemahlene Haselnüsse
15 g Tapiokastärke
1 TL Backpulver
1 Prise Salz
1 Msp. gemahlene Vanille
100 g dunkle Schokolade (mindestens 70 % Kakaoanteil)
6 Eier
60 g Kokosblütenzucker
2 EL (40 g) Honig
30 ml Orangensaft, frisch gepresst
abgeriebene Schale von 1 unbehandelten Orange
15 ml Kokosmilch
½–1 Rezeptmenge Cranberrycreme (siehe Seite 205)
1 Rezeptmenge Baisercreme (siehe Seite 209)
1 Rezeptmenge Haselnusskrokant (siehe Seite 193)

Den Backofen auf 180 °C vorheizen und eine Springform (26 cm ø) einfetten oder mit Backpapier auskleiden.

Die Haselnüsse, die Tapiokastärke, das Backpulver, das Salz und die Vanille mischen. Die Schokolade sehr fein hacken oder auf der Gemüsereibe raspeln.

Die Eier trennen. Das Eiweiß steif schlagen. Das Eigelb, den Zucker und den Honig hell und cremig aufschlagen. Orangensaft und -schale sowie die Kokosmilch dazugeben und gründlich unterrühren.

Die Haselnuss- und die Eigelbmischung miteinander verschlagen, dann die geraspelte Schokolade unterrühren. Den Eischnee portionsweise unterheben, dabei möglichst wenig rühren, damit der Teig luftig bleibt.

Den Kuchen etwa 40 Minuten backen. Wenn bei der Stäbchenprobe am Stäbchen kein Teig mehr haftet, den Kuchen aus dem Ofen nehmen und auf einem Kuchengitter vollständig auskühlen lassen.

Um die Torte zusammenzusetzen, den Kuchen mit einem langen Messer waagerecht in der Mitte durchschneiden. Die untere Kuchenscheibe auf eine Kuchenplatte setzen und mit Cranberrycreme bestreichen. Die zweite Scheibe aufsetzen und den Kuchen mithilfe einer Winkelpalette rundherum mit Baisercreme einstreichen. Mit Haselnusskrokant bestreuen.

Die Torte kann luftdicht verpackt im Kühlschrank 1 Tag lagern.

TIPP: Diese Torte schmeckt auch ohne Baisercreme. Dann einfach auch den oberen Kuchenboden mit Cranberrycreme bestreichen und alles mit Haselnusskrokant dekorieren.

NÄHRWERT PRO STÜCK: 372 kcal, 9 g EW, 28 g F, 27 g KH

ZITRUSKUCHEN

ZUBEREITUNG 15 MIN | BACKZEIT 35 MIN | KÜHL- UND RUHEZEIT 20 MIN | SCHWIERIGKEIT ★ | AUFWAND ★

Ein verregneter Sonntag, eine backbegeisterte Vierjährige, eine Menge Zitrusfrüchte, die dringend verarbeitet werden mussten – aus dieser Formel entstand ein wunderbar fruchtiger Rührkuchen.

FÜR 1 KUCHEN

120 g gemahlene Mandeln
40 g Kastanienmehl
40 g Maniokmehl
20 g Tapiokastärke
30 g Kokosmehl
2 gehäufte TL Backpulver
1 Prise Salz
1/4 TL gemahlene Vanille
60 g weiches Ghee
60 g weiches Kokosöl
40 g Kokosblütenzucker, plus 1 EL zum Bestreuen
60 g Honig
3 Eier
abgeriebene Schale von je 1 unbehandelten Zitrone und Mandarine
130 ml Zitrusfruchtsaft (Zitrone, Mandarine, Orange)
50 ml Kokosmilch
2 EL Orangenmarmelade (nach Belieben)

Den Backofen auf 170 °C vorheizen. Eine Springform (26 cm ø) einfetten oder mit Backpapier auskleiden.

Die Mandeln, das Kastanienmehl, das Maniokmehl, die Tapiokastärke, das Kokosmehl, das Backpulver, das Salz und die gemahlene Vanille mischen und in eine Schüssel sieben.

In einer anderen Schüssel das Ghee, das Kokosöl, den Kokosblütenzucker und den Honig schaumig schlagen, bis sich der Zucker aufgelöst hat. Ein Ei nach dem anderen einarbeiten. Den Abrieb und den Saft der Zitrusfrüchte sowie die Kokosmilch unterrühren.

Die gesiebte Mehlmischung in drei Portionen unter die Eiermasse ziehen. Den Teig in die vorbereitete Backform füllen und die Oberfläche mit dem restlichen Kokosblütenzucker bestreuen.

Den Kuchen etwa 35 Minuten backen. Sollte der Zucker dabei zu dunkel werden, den Kuchen mit Backpapier abdecken. Wenn bei der Stäbchenprobe kein Teig mehr am Stäbchen haftet, den Kuchen aus dem Ofen nehmen und 10 Minuten in der Form ruhen lassen. Anschließend zum Abkühlen auf ein Kuchengitter setzen.

Nach Belieben in einem kleinen Topf die Orangenmarmelade erwärmen und mit einem Backpinsel auf den heißen Kuchen streichen.

TIPPS: Durch die Zusammensetzung des Fruchtsafts oder die Verwendung einer einzelnen Sorte lässt sich der Geschmack des Kuchens immer wieder variieren. Köstlich gelingt er auch mit Grapefruit- oder Limettensaft.

Der Kuchen eignet sich auch für eine festliche Torte! Dazu die Rezeptmenge für den Teig verdoppeln und zwei Böden backen. Einen Boden auf eine Tortenplatte legen und mit Clementinencreme (siehe Seite 205) bestreichen. Dann den zweiten Boden auflegen. Die Torte mit Baisercreme (siehe Seite 209) oder der Cashew-Zitronen-Glasur bestreichen und mit Orangenzesten und Krokant (siehe Seite 193) dekorieren.

NÄHRWERT PRO STÜCK: 253 kcal, 5 g EW, 18 g F, 17 g KH

GEBURTSTAGSTORTE MIT BEEREN

ZUBEREITUNG 40 MIN | BACKZEIT 30 MIN | KÜHLZEIT 15 MIN | SCHWIERIGKEIT ★ | AUFWAND ★★

Als meine Tochter ein Baby war, liebte sie Pastinakenbrei. Vorher kannte ich das süßlich-würzige Wurzelgemüse nicht, doch nun verwende ich es häufig, zum Beispiel in dieser Torte. Das versteckte Gemüse schenkt Extra-Vitamine und einen Überraschungsmoment.

Für den Kuchen die Mandeln, den Kakao, das Kokosmehl, die Tapiokastärke, das Natron und das Salz gut vermischen.

Die Pastinaken waschen, schälen und fein raspeln. Den Honig und das Ghee oder Kokosöl cremig rühren. Nacheinander die Eier sorgfältig einarbeiten. Die Kokosmilch, den Orangenabrieb, nach Belieben Vanille- und Mandelextrakt und die Pastinakenraspel unterrühren.

Die trockenen Zutaten zu der Pastinakenmischung sieben und alles zu einem klümpchenfreien Teig vermischen.

Den Teig auf zwei mit Backpapier ausgelegte Springformen (24 cm ø) verteilen und bei 180 °C etwa 30 Minuten backen. Wenn bei der Stäbchenprobe am Stäbchen kein Teig mehr haftet, die Böden aus dem Ofen nehmen und auf einem Kuchengitter auskühlen lassen. (Alternativ die Zutaten halbieren, eine Hälfte zu Teig verarbeiten und backen. Während der Backzeit die zweite Hälfte der Zutaten zu Teig verarbeiten und backen, wenn der erste Boden fertig ist.)

Einen der abgekühlten Böden auf eine Tortenplatte setzen und mit etwas weniger als der Hälfte der Baisercreme bestreichen. Etwa 50 g der Himbeeren auf der Creme verteilen und etwas eindrücken. Den zweiten Boden darauflegen und die restliche Creme darauf verteilen.

Die Torte mit den übrigen Himbeeren und gemischten Beeren verzieren und mit dem Kokosblütenzucker bestauben. Geburtstag feiern!

TIPP: Reste halten luftdicht verpackt bis zum Folgetag.

NÄHRWERT PRO STÜCK: 305 kcal, 10 g EW, 17 g F, 25 g KH

FÜR 1 TORTE

FÜR DIE BÖDEN

200 g gemahlene Mandeln
40 g Kakao
30 g Kokosmehl
1 EL Tapiokastärke
1 TL Natron
1 Prise Salz
320 g Pastinaken
180 g Honig
40 g weiches Ghee oder Kokosöl
4 Eier
40 ml Kokosmilch
abgeriebene Schale von ½ unbehandelten Orange
je 1 EL Vanille- und Mandelextrakt (nach Belieben)

FÜR FÜLLUNG UND DEKORATION

1 Rezeptmenge Baisercreme (siehe Seite 209)
ca. 100 g frische Himbeeren
ca. 100 g gemischte frische Beeren
1 TL Kokosblütenzucker

SCHOKOLADEN-KUCHEN

Wenn ich Schokoladenkuchen zu einer Party mitbringe, ist er immer als erstes weg. Denn mal ehrlich: (Fast) jeder liebt doch Schokolade. Ein Leben ohne? Möglich, aber sinnlos. Umso besser schmeckt Schokoladenkuchen, wenn man in richtig gute Qualität investiert, und die beste Schokolade kauft, die das eigene Budget erlaubt. Wussten Sie, dass Schokolade sich ausgesprochen gut mit Gemüse verträgt?

FUDGE-BROWNIES MIT AUBERGINE

ZUBEREITUNG 15 MIN | BACKZEIT 80 MIN | SCHWIERIGKEIT ★ | AUFWAND ★★

Eine ganz und gar abwegig erscheinende Gemüsesorte sinnvoll in einem Kuchenteig unterzubringen, reizt mich immer sehr! Als ich Rezepte für Schokokuchen mit Auberginen entdeckte, musste ich diese Kombination sofort ausprobieren. Ich habe die Brownies bewusst mit sehr wenig Zucker gebacken. Wem der Teig zu herb schmeckt, kann einfach mehr hinzufügen.

FÜR 1 KUCHEN

400 g Auberginen
300 g dunkle Schokolade (70 % Kakaoanteil)
80 g Kokosblütenzucker
80 g Ahornsirup
3 Eier
50 g Kakao
20 g Maniokmehl
30 g Kastanienmehl
1 Prise Salz
1 Prise gemahlene Vanille
½ TL Zimt
2 TL Backpulver

Vorbereitend die Auberginen mit einer Gabel rundherum mehrmals einstechen und im Backofen bei 180 °C etwa 45 Minuten backen. Anschließend das Fruchtfleisch aus der Schale lösen und entweder gleich verwenden oder bis zur weiteren Verarbeitung kühl stellen.

Den Backofen auf 180 °C vorheizen. Eine quadratische Backform (23 x 23 cm) mit Backpapier auskleiden.

Die Schokolade zerkleinern und in einer kleinen ofenfesten Schüssel im vorheizenden Backofen schmelzen lassen.

Das Auberginenfleisch, den Zucker, den Ahornsirup und die Eier im Mixer oder mit dem Pürierstab zu einer glatten Masse verarbeiten. Die geschmolzene Schokolade unterrühren.

Den Kakao, das Maniokmehl, das Kastanienmehl, das Salz, die Vanille, den Zimt und das Backpulver mischen, zu der Schokomasse sieben und alles zu einem klümpchenfreien Teig verrühren.

Den Teig in die vorbereitete Backform füllen und etwa 35 Minuten backen. Wenn bei der Stäbchenprobe kein Teig mehr am Stäbchen haftet, den Kuchen aus dem Ofen nehmen und in der Backform auskühlen lassen.

TIPP: Zum Servieren mit Avocado-Schokocreme (siehe Seite 206) bestreichen und mit geraspelter Schokolade bestreuen. Dazu schmeckt der Mango-Passionsfrucht-Salat (siehe Seite 154) großartig.

NÄHRWERT PRO STÜCK: 246 kcal, 5 g EW, 14 g F, 23 g KH

MAGISCHER SCHOKOKUCHEN

ZUBEREITUNG 15 MIN | BACKZEIT 45–50 MIN | SCHWIERIGKEIT ★ | AUFWAND ★

Physik habe ich in der Schule gehasst! Das wäre bestimmt anders gewesen, hätte ich damals schon dieses Rezept gekannt: Man schiebt einen flüssigen Schokoteig in den Ofen und durch ein physikalisches Wunder verwandelt er sich in ein magisches Werk aus drei Schichten: einem kompakten Pudding, einer leichteren Creme und einem fluffigen Biskuit. Wie faszinierend Naturwissenschaften doch sein können …

FÜR 1 KUCHEN

120 g Ghee
4 Eier
110 g Kokosblütenzucker
30 g Maniokmehl
20 g Kochbananenmehl
20 g Kastanienmehl
50 g Kakao
1 Prise Salz
500 ml Mandelmilch
(im Verhältnis Mandeln: Wasser = 1:6)
100 ml Kokosmilch

Den Backofen auf 160 °C vorheizen. Eine Springform (24 cm ø) mit Backpapier auskleiden.

Das Ghee in einer kleinen ofenfesten Schüssel im vorheizenden Backofen schmelzen lassen.

Die Eier trennen. Das Eiweiß sehr steif schlagen. Das Eigelb und den Zucker hell und cremig schlagen. Das geschmolzene Ghee unterrühren.

Das Maniokmehl, das Kochbananenmehl, das Kastanienmehl, den Kakao und das Salz zu der Ei-Masse sieben und alles verrühren. Nach und nach die Mandelmilch und die Kokosmilch einarbeiten, bis ein ganz glatter, klümpchenfreier, recht flüssiger Teig entstanden ist.

Den Eischnee grob mit einem Schneebesen unterziehen. Nicht zu lange rühren, die Eiweißflöckchen dürfen deutlich sichtbar bleiben.

Den Teig in die vorbereitete Springform füllen und 45–50 Minuten backen. Der Kuchen sollte in der Mitte noch leicht zittern, wenn man die Springform bewegt. In der Form vollständig auskühlen lassen, dann anschneiden und servieren.

NÄHRWERT PRO STÜCK: 216 kcal, 4 g EW, 16 g F, 14 g KH

WHITE CHOCOLATE CHEESECAKE NEW YORK STYLE
FRUCHTIGER SCHOKO-NUSS-KUCHEN

CREMIGE
KAKAOTARTE
MIT ROTER BETE
KAKAO-BISKUITROLLE
MIT MANGO-KOKOS-CREME

FRUCHTIGER SCHOKO-NUSS-KUCHEN

ZUBEREITUNG 15 MIN | BACKZEIT 25–30 MIN | SCHWIERIGKEIT ★ | AUFWAND ★★

Beim Aufräumen meiner Speisekammer fand ich etliche angebrochene Tütchen mit Trockenobst und Mandeln sowie eine Tafel Schokolade. Wohin damit? So entstand die Idee für diesen Kuchen. *(Abbildung Seite 68)*

FÜR 1 KUCHEN

- 170 g Mandeln (alternativ Haselnüsse, Walnüsse, Cashewkerne oder für Nussallergiker 150 g über Nacht in Wasser eingeweichte Erdmandeln)
- 100 g Trockenobst (Datteln, Feigen, Aprikosen, Sauerkirschen, Rosinen ... alles geht!)
- 100 g dunkle Schokolade (70 % Kakaoanteil)
- abgeriebene Schale und Saft von 1 unbehandelten Orange
- 30 g weiches Kokosöl
- 30 g weiches Ghee
- 20 ml Ahornsirup
- 20 g Kakao
- 1 Prise Salz
- 1 Prise gemahlene Vanille
- 4 Eier

Den Backofen auf 180 °C vorheizen und eine Springform (26 cm ø) mit Backpapier auskleiden.

In einer Pfanne ohne Fett die Mandeln anrösten, bis sie duften. Abkühlen lassen und dann fein hacken. Das Trockenobst, falls es sehr hart ist, 15 Minuten in kochendem Wasser einweichen.

Alle Zutaten bis auf die Eier im Mixer oder in der Küchenmaschine zu einem groben Teig verarbeiten. (Alternativ, falls kein Mixer zur Hand ist, die Schokolade, die Mandeln und das Trockenobst fein hacken und alles gründlich mit der Orangenschale, dem -saft, dem Kokosöl, dem Ghee, dem Ahornsirup, dem Kakao, dem Salz und der Vanille vermischen.) Die Eier mit dem Handrührgerät schaumig schlagen, dann sorgfältig unter den Teig heben.

Den Teig in die vorbereitete Springform füllen und 25–30 Minuten im Ofen backen. Vorsicht: Nicht zu lange backen, sonst wird der Kuchen trocken. Wenn bei der Stäbchenprobe kein Teig mehr am Stäbchen haftet, den Kuchen aus dem Backofen nehmen und in der Form auskühlen lassen.

TIPP: Schmeckt herrlich mit einer Kugel Vanille- oder Schokoeis (siehe Seiten 168–169) und Karamellsauce (siehe Seite 196).

NÄHRWERT PRO STÜCK: 245 kcal, 8 g EW, 19 g F, 10 g KH

CREMIGE KAKAO-TARTE MIT ROTER BETE

ZUBEREITUNG 15 MIN | BACKZEIT 45 MIN | SCHWIERIGKEIT ★ | AUFWAND ★★

Keine Sorge, die Rote Bete ist hier bestenfalls als leicht erdige, herbe Note zu erahnen. Sie macht die Füllung reichhaltig und cremig in der Konsistenz, ohne die Leichtigkeit der Tarte zu beeinträchtigen. (Abbildung Seite 68)

Eine Springform oder Tarteform (26 cm ø) mit Backpapier auskleiden oder gut einfetten. Den Mürbeteig zubereiten, wie auf Seite 186 beschrieben, und in die Backform drücken. Dabei den Teig am Rand in die Höhe ziehen. Den Teig in der Form mindestens 1 Stunde im Kühlschrank kalt stellen.

Den Backofen auf 180 °C vorheizen. Die Springform aus dem Kühlschrank nehmen. Den Teig mit Backpapier abdecken und mit Backperlen oder trockenen Bohnen beschweren. Im Backofen etwa 15 Minuten blind backen. Anschließend die Backperlen und das Backpapier entfernen und den Boden weitere 5 Minuten backen. Aus dem Ofen nehmen und abkühlen lassen.

Alle anderen Zutaten im Mixer oder mit dem Pürierstab zu einer glatten Masse verarbeiten (bei Bedarf nachsüßen). Die Füllung auf dem vorgebackenen Tarteboden verteilen. Die Tarte 30 Minuten backen, sie ist fertig, wenn die Füllung fest und leicht aufgegangen ist. Abkühlen lassen und kalt servieren.

TIPP: Für ein feines Dessert vier Birnen in Spalten schneiden und diese in einem Sirup aus 100 ml Wasser, 50 ml Honig und dem Mark einer Vanilleschote weich dünsten. Die noch warmen Birnenspalten zusammen mit der Tarte und einer Kugel Vanilleeis (siehe Seite 168) auf einem Teller anrichten und servieren.

NÄHRWERT PRO STÜCK: 355 kcal, 7 g EW, 27 F, 21 g KH

FÜR 1 TARTE

1 Rezeptmenge Mandel-Maniok-Mürbeteig (siehe Seite 186)
250 g vorgegarte Rote Bete (vakuumverpackt)
130 g Honig
3 Eier
20 g Ghee
20 g Kokosöl
90 g Bananen
1 Prise Salz
1 Prise gemahlene Vanille
60 g Kakao

WHITE CHOCOLATE
CHEESECAKE NEW YORK STYLE

ZUBEREITUNG 15 MIN | BACKZEIT 7–8 MIN | EINWEICH- UND RUHEZEIT JE 8 STD | SCHWIERIGKEIT ★ | AUFWAND ★★★

Der gute, alte deutsche Käsekuchen war schon immer mein Favorit. Er bekam Konkurrenz, als ich seinen cremigen Verwandten mit Doppelrahmfrischkäse und Erdbeersauce kennenlernte, den New York Cheesecake. Der wiederum war nur noch durch White Chocolate Cheesecake zu überbieten. Meine Kreation verbindet das Beste von allen. Er ist ganz leicht gemacht, muss aber wegen der Ruhezeiten rechtzeitig geplant werden. *(Abbildung Seite 68)*

Die Cashewkerne für die Creme 8 Stunden in kaltem Wasser einweichen lassen. Anschließend in ein Sieb abgießen und abspülen, bis das Wasser klar bleibt.

Den Backofen auf 160 °C vorheizen. Eine Springform (24 cm ø) gut einfetten oder mit Backpapier auskleiden.

Für den Boden das Ghee, die Datteln und das Ei im Mixer oder mit dem Pürierstab zu einer glatten Masse verarbeiten. Die trockenen Zutaten dazugeben und alles zu einem groben, streuseligen Teig verkneten. So in die Springform drücken, dass ein gleichmäßig dicker Boden mit erhöhtem Rand entsteht. 7–8 Minuten vorbacken, aber nicht braun werden lassen, sonst schmeckt er verbrannt! Aus dem Ofen nehmen und abkühlen lassen.

Für die Creme in einem Topf die Kakaobutter bei niedriger Temperatur schmelzen. Mit den Cashewkernen, dem Ahornsirup, der Mandelmilch, dem Zitronensaft, dem Salz und der Vanille im Mixer oder mit dem Pürierstab zu einer glatten Masse verarbeiten.

Die Creme auf dem vorgebackenen Boden verstreichen und im Kühlschrank mindestens 8 Stunden fest werden lassen. Damit sich die Torte noch besser schneiden lässt, die Backform vor dem Servieren 30 Minuten ins Gefrierfach stellen.

Für den Erdbeersalat die Erdbeeren waschen, trocknen, vom Stielansatz befreien und je nach Größe halbieren oder vierteln. Fünf Erdbeeren zusammen mit dem Zucker, dem Zitronenabrieb und dem -saft mit dem Pürierstab fein pürieren. Das Erdbeermus mit den restlichen Erdbeeren mischen und alles in einem luftdichten Behälter über Nacht im Kühlschrank ziehen lassen. Mit dem Kuchen servieren.

NÄHRWERT PRO STÜCK: 512 kcal, 13 g EW, 35 g F, 33 g KH

FÜR 1 KUCHEN

FÜR DEN BODEN

30 g weiches Ghee
7 weiche Medjool-Datteln
1 Ei
150 g Mandeln
50 g Kakao
1 Prise Salz
1 Prise gemahlene Vanille

FÜR DIE KÄSECREME

450 g Cashewkerne
100 g Kakaobutter
120 ml Ahornsirup
90 ml Mandelmilch
60 ml Zitronensaft
1 Prise Salz
1 Prise gemahlene Vanille

FÜR DEN ERDBEERSALAT

500 g Erdbeeren
3 EL Kokosblütenzucker
abgeriebene Schale und Saft von ½ unbehandelten Zitrone

KAKAO-BISKUITROLLE
MIT MANGO-KOKOS-CREME

ZUBEREITUNG 20 MIN | BACKZEIT 15 MIN | RUHEZEIT 8 STD | SCHWIERIGKEIT ★★ | AUFWAND ★★★

Wir essen diesen Kuchen zu Weihnachten als »Bûche de Noël«. Das ist der traditionelle französische Weihnachtskuchen, der in der Form an ein Holzscheit (»bûche«) erinnert. Aber weil er so lecker ist, backe ich ihn auch an anderen Tagen des Jahres – dann heißt er eben Biskuitrolle statt bûche*! (Abbildung Seite 68)*

FÜR 1 BISKUITROLLE

FÜR DIE CREME

1 Dose Kokosmilch, gekühlt
1–2 EL Ahornsirup
(oder mehr, nach Geschmack)
1 Prise Salz
1 Prise gemahlene Vanille
5 EL Mangocreme (siehe Seite 203)
1 gehäufter TL Gelatine

FÜR DEN BISKUIT

20 g Kakao
15 g Kokosmehl
20 g Tapiokastärke
1 TL Natron
1 Prise Salz
4 Eier
80 g Honig
1 EL frisch gepresster Zitronensaft,
plus 1 Spritzer für den Eischnee

Die Kokosmilchdose öffnen und die feste Creme herauslöffeln. Diese zusammen mit dem Ahornsirup, dem Salz und der Vanille aufschlagen. Die Mangocreme unterrühren und die Mischung mit Ahornsirup abschmecken. Die Gelatine in 20 ml heißem Wasser auflösen. 2 EL von der Creme mit der Gelatine klümpchenfrei verrühren. Unter die restliche Creme ziehen und die Mischung kalt stellen, bis sie geliert.

Den Backofen auf 180 °C vorheizen und ein Backblech mit Backpapier belegen.

Den Kakao, das Kokosmehl, die Tapiokastärke, das Natron und das Salz in eine Schüssel sieben. Die Eier trennen. Das Eiweiß zusammen mit einem Spritzer Zitronensaft mit dem Handrührgerät steif schlagen. Das Eigelb und den Honig zu einer hellen Creme aufschlagen. Den Zitronensaft einrühren. Die Mehlmischung unter die Ei-Honig-Creme rühren. Dann den Eischnee behutsam unterheben.

Den Teig gleichmäßig auf dem Backblech verstreichen. Etwa 12 Minuten backen, bis bei der Stäbchenprobe kein Teig mehr am Stäbchen haftet. Nicht zu lange backen! Den fertigen Biskuit auf ein Geschirrtuch stürzen. Mit einem feuchten Tuch abdecken. Nach 2–3 Minuten das Backpapier vorsichtig abziehen. Den Biskuit sofort locker und behutsam einrollen. Mit der Naht nach unten auf ein Kuchengitter legen, mit dem trockenen Geschirrtuch abdecken und abkühlen lassen.

Den abgekühlten Biskuit entrollen, gleichmäßig mit der Creme bestreichen und wieder aufrollen. Mit der Naht nach unten auf eine Kuchenplatte setzen und 1 Stunde kalt stellen. Vor dem Servieren mit Puderzucker oder Kakao bestauben.

TIPP: Traditionell wird eine »Bûche de Noël« mit Maronencreme (siehe Seite 202) gefüllt.

NÄHRWERT PRO STÜCK: 137 kcal, 4 g EW, 8 g F, 11 g KH

SÜSSKARTOFFEL-SCHOKOKUCHEN

ZUBEREITUNG 10 MIN | BACKZEIT 35 MIN | SCHWIERIGKEIT ★ | AUFWAND ★★

Mein absoluter Lieblingskuchen: Süßkartoffel und Banane liefern jede Menge Nährstoffe und enthalten von Natur aus so viel Zucker, dass ich nur wenig Süßungsmittel ergänzen muss. Das Kastanienmehl verleiht ihm eine angenehm nussige Würze. Ich mag diesen Kuchen das ganze Jahr, aber mit seiner Zimt- und Lebkuchennote passt er ganz wunderbar in die Adventszeit.

Den Backofen auf 180 °C vorheizen und eine Kastenform (25 cm) mit Backpapier auskleiden.

Das Kastanienmehl, das Kokosmehl, die Tapiokastärke, das Natron, das Salz, den Zimt, die gemahlene Vanille und das Lebkuchengewürz mischen und in eine Rührschüssel sieben. Die Schokolade fein hacken.

Die Süßkartoffeln, die Bananen, den Ahornsirup, den Honig, das Kokosöl, das Ghee, die Eier und nach Belieben den Vanilleextrakt mit dem Pürierstab oder im Mixer zu einer ganz glatten Masse verarbeiten.

Die Süßkartoffelmasse zu der Mehlmischung gießen und alles zu einem klümpchenfreien Teig verrühren. Dann die geriebene Schokolade unterheben.

Den Teig in die vorbereitete Kastenform geben und etwa 35 Minuten backen. Wenn bei der Stäbchenprobe nur noch minimale Teigreste am Stäbchen haften, den Kuchen aus dem Backofen nehmen und auf einem Kuchengitter abkühlen lassen.

Für die Glasur die Schokolade und das Ghee im Wasserbad schmelzen. Die flüssige Glasur über den abgekühlten Kuchen gießen. Den Kuchen mit ganzen Pistazien dekorieren.

TIPPS: Dieser Kuchen lässt sich auch in Muffinformen (Backzeit 20–25 Minuten) und im Donut-Maker (4–5 Minuten) backen.

Anstelle von Süßkartoffeln und Bananen schmecken auch folgende Varianten: nur Süßkartoffeln, nur Bananen, Butternut-Kürbispüree, Butternut/Bananen, gekochte Karotten/Bananen, Apfelmus/Bananen.

NÄHRWERT PRO STÜCK: 246 kcal, 5 g EW, 12 g F, 27 g KH

FÜR 1 KUCHEN

160 g Kastanienmehl
20 g Kokosmehl
20 g Tapiokastärke
1 TL Natron
1 gute Prise Salz
1 TL Zimt
1/2 TL gemahlene Vanille
1 Prise Lebkuchengewürz
70 g dunkle Schokolade (mind. 70 % Kakaoanteil, ohne Soja-Lecithin)
200 g gebackene Süßkartoffeln (siehe Seite 25)
150 g Bananen ohne Schale
50 g Ahornsirup
50 g Honig
20 g weiches Kokosöl
20 g weiches Ghee
3 Eier
1 TL Vanilleextrakt (nach Belieben)

FÜR DIE GLASUR

70 g dunkle Schokolade (mind. 70 % Kakaoanteil)
1 EL Ghee
30 g ganze Pistazien

YU
YU

SCHOKOLADEN-MARONENKUCHEN

ZUBEREITUNG 20 MIN | BACKZEIT 35 MIN | SCHWIERIGKEIT ★ | AUFWAND ★

Früher war Maronenkuchen bei uns ein seltenes Vergnügen. In Frankreich, der Heimat meiner Mutter, sind Maronen ein Grundnahrungsmittel, bei uns in Deutschland gab es nur alle Jubeljahre welche. Und so kehrten wir aus jedem Frankreichurlaub beladen mit vermissten Spezialitäten zurück. Heute ist Maronenpüree nur einen Mausklick entfernt. Trotzdem bleibt dieser schokoladige, feine Kuchen ein besonderes Vergnügen, weil er stets ein bisschen nach dem letzten Urlaub schmeckt.

FÜR 1 KUCHEN

170 g dunkle Schokolade (70 % Kakaoanteil)
250 g ungesüßtes Maronenpüree aus dem Glas (alternativ vakuumverpackte gegarte Maronen)
200 g Ghee
1 Prise Salz
1 Prise gemahlene Vanille
5 Eier
80 g Kokosblütenzucker (oder mehr nach Belieben)

Den Backofen auf 180 °C vorheizen und eine Springform (26 cm ø), oder quadratische Backform (23 x 23 cm) mit Backpapier auslegen oder gut einfetten.

Die Schokolade zerkleinern, in eine kleine ofenfeste Schüssel geben und im vorheizenden Backofen schmelzen.

Bei Verwendung vorgegarter Maronen diese zusammen mit 2 EL Wasser im Mixer ganz glatt pürieren. Das Maronenpüree und das Ghee im Mixer oder mit dem Pürierstab zu einer glatten Creme verarbeiten. Die geschmolzene Schokolade, das Salz und die gemahlene Vanille unterrühren.

Die Eier trennen. Das Eigelb und den Kokosblütenzucker auf höchster Stufe mit dem Handrührgerät hell und cremig aufschlagen. Die Masse unter die Maronencreme heben.

Das Eiweiß steif schlagen und so vorsichtig unter die Maronencreme heben, dass die Masse schön luftig bleibt.

Den Teig in die vorbereitete Springform füllen und etwa 35 Minuten backen. Wenn bei der Stäbchenprobe kein Teig mehr am Stäbchen haftet, den Kuchen aus dem Backofen nehmen und vollständig abkühlen lassen.

TIPP: Den Kuchen mit etwas Cashewsahne (siehe Seite 189) oder Vanilleeis (siehe Seite 168) servieren. Wer es noch schokoladiger möchte, gießt Ganache (siehe Seite 212) über den abgekühlten Kuchen.

NÄHRWERT PRO STÜCK: 331 kcal, 5 g EW, 26 g F, 19 g KH

TARTES & OBSTKUCHEN

Wenn sich im Sommer die Markttische mit reifem, saftigem Obst durchbiegen, kaufe ich gerne die eine oder andere Extra-Portion und backe daraus eine leckere Tarte oder einen saftig-knusprigen Crumble. Und wenn ich während der drei anderen Jahreszeiten das Gefühl von Sonne und Wärme vermisse, dann kommt erst recht ein Obstkuchen auf den Tisch. Zum Backen verwende ich dann ganz einfach tiefgekühltes Obst. So kann man sich das ganze Jahr über Sommer ins Haus holen.

HEIDELBEERTARTE

ZUBEREITUNG 20 MIN | BACKZEIT 45 MIN | KÜHLZEIT 1 STD | SCHWIERIGKEIT ★ | AUFWAND ★★

Diese Heidelbeertarte mag ich so gern, weil sie einfach nach Sommer schmeckt. Nur Weiß sollte man beim Essen nicht tragen, denn die Heidelbeerflecken gehen nur schlecht wieder raus …

FÜR 1 TARTE

1 Rezeptmenge Mandel-Kokos-Mürbeteig (siehe Seite 184)
300 g Heidelbeeren (frisch oder TK)
140 ml Nussmilch (im Verhältnis Nüsse : Wasser = 1 : 6)
30 ml Kokosmilch
1 Ei
1 Eigelb
2 EL (40 g) Honig
gemahlene Vanille
Salz

Den Mürbeteig herstellen, wie auf Seite 184 beschrieben, und in eine gefettete oder mit Backpapier ausgelegte Spring- oder Tarteform (26 cm ø) drücken. Die Backform im Kühlschrank mindestens 1 Stunde kalt stellen.

Den Backofen auf 180 °C vorheizen. Den gekühlten Teig aus dem Kühlschrank nehmen und mit einem Blatt Backpapier belegen. Die Oberfläche mit Backperlen beschweren und den Teigboden im Backofen etwa 10 Minuten blind backen. Anschließend die Backperlen und das Backpapier entfernen und den Boden weitere 5 Minuten zart braun backen. Abkühlen lassen.

Die Heidelbeeren verlesen, waschen und in einem Sieb gut abtropfen lassen. Falls nötig, mit Küchenpapier trockentupfen.

Für die Creme die Nussmilch, die Kokosmilch, das Ei, das Eigelb, den Honig, die gemahlene Vanille und das Salz zu einer glatten Masse verrühren.

Die Heidelbeeren auf den vorgebackenen Tarteboden geben und mit der Creme übergießen.

Die Tarte in den Backofen schieben und 35–40 Minuten backen, bis die Creme schön gebräunt und leicht aufgegangen ist. Die Tarte aus dem Ofen nehmen und abkühlen lassen.

Schmeckt lauwarm oder gekühlt, besonders auch kombiniert mit einer Kugel Vanilleeis (siehe Seite 168).

TIPPS: Anstelle einer großen Tarte- oder Springform kann man die gleiche Menge auch in sechs Tartelette-Förmchen zubereiten.

Auch mit anderen Beeren wie Himbeeren oder einer Mischung verschiedener Sorten schmeckt diese Tarte ganz köstlich.

NÄHRWERT PRO STÜCK: 179 kcal, 6 g EW, 13 g F, 8 g KH

BIRNEN-TARTE MIT KASTANIEN-ROSMARIN-FRANGIPANE

ZUBEREITUNG 40 MIN | BACKZEIT 30 MIN | KÜHLZEIT 1 STD | SCHWIERIGKEIT ★★ | AUFWAND ★★

Wenn Herbststürme durch die Bäume fegen und Regen an die Fenster peitscht, ist diese Tarte der perfekte Stimmungsaufheller. Die Kombination aus Birnen, Karamell, Rosmarin und Kastaniencreme passt so harmonisch zusammen, dass man bei jedem Bissen vor Freude seufzen möchte. Wen interessiert da noch das Wetter?

FÜR 1 TARTE

FÜR DEN BODEN

1 Rezeptmenge Mürbeteig nach Geschmack (siehe Seiten 184–187)

FÜR DIE KARAMELLBIRNEN

6 reife Birnen
20 g Ghee
15 g Kokosblütenzucker
15 g Ahornsirup
1 Prise Fleur de Sel

FÜR DIE FRANGIPANE

120 g weiches Ghee
70 g Honig
30 g Ahornsirup
1 Ei
2 Eigelb
1 Prise Salz
½ TL fein gehackte frische Rosmarinnadeln
50 g Kastanienmehl
40 g gemahlene Mandeln
3 TL Tapiokastärke
30 g Mandelblättchen

Die Zutaten für den Mürbeteig zügig zu einem glatten Teig verkneten. Diesen auf dem Boden einer gefetteten oder mit Backpapier ausgelegten Tarteform (26 cm ø) verteilen und an den Seitenrändern nach oben ziehen. In der Backform mindestens 1 Stunde kalt stellen.

Den Backofen auf 180 °C vorheizen. Den Tarteboden mit Backpapier bedecken, mit Backperlen beschweren und etwa 10 Minuten blind backen. Die Backperlen und das Papier entfernen und den Boden weitere 5 Minuten leicht braun backen. Aus dem Ofen nehmen und abkühlen lassen.

Die Birnen waschen, schälen und in Spalten schneiden. In einer Pfanne das Ghee bei mittlerer Temperatur schmelzen und darin den Zucker, den Ahornsirup und das Fleur de Sel karamellisieren. Die Birnen zugeben und etwas köcheln lassen. Vorsichtig wenden und weiterbraten, bis sie weich sind (insgesamt etwa 5 Minuten). Herausheben und auf einem Teller abkühlen lassen. Die Kochflüssigkeit auffangen.

Für die Frangipane das Ghee, den Honig und den Ahornsirup cremig schlagen. Das Ei, das Eigelb und das Salz nach und nach unterrühren. Die Birnenflüssigkeit und den Rosmarin unter die Creme ziehen. Das Kastanienmehl, die Mandeln und die Tapiokastärke zu der Mischung sieben und alles gründlich verschlagen.

Die Frangipane-Masse gleichmäßig auf dem Tarteboden verteilen. Die Birnen kreisförmig hineindrücken und die Tarte mit Mandelblättchen bestreuen. Im vorgeheizten Backofen etwa 30 Minuten backen, bis Teigrand und Mandelblättchen schön goldbraun sind. Lauwarm oder kalt servieren.

TIPP: Ein Klecks Vanillesauce (siehe Seite 196) oder eine Kugel Vanilleeis (siehe Seite 168) verwandeln diese Tarte in ein feines Dessert für Gäste.

NÄHRWERT PRO STÜCK: 418 kcal, 4 g EW, 31 g F, 32 g KH

MANGO-HIMBEER-COBBLER
CLAFOUTIS MIT KIRSCHEN UND MANDELTRESTER

APPLE CRUMBLE
TARTE TATIN
MIT APRIKOSEN
UND PISTAZIEN

MANGO-HIMBEER-COBBLER

ZUBEREITUNG 15 MIN | BACKZEIT 35 MIN | SCHWIERIGKEIT ★ | AUFWAND ★★

Cobbler *habe ich in Amerika kennengelernt: Während beim* crumble *eine knusprige Schicht Streusel die Früchte bedeckt, verstecken sie sich beim* cobbler *unter einem weichen, kuchenartigen Teig. Der wird in großen Klecksen auf das Obst gesetzt, die ein wenig an Pflastersteine, englisch »cobbles«, erinnern.* *(Abbildung Seite 84)*

Den Backofen auf 180 °C vorheizen. Eine Auflaufform gut einfetten.

Das Mangofruchtfleisch würfeln. Frische Himbeeren verlesen, waschen und trockentupfen.

Den Zitronensaft, die Tapiokastärke, den Honig und die gemahlene Vanille mischen und mit dem Obst vermengen. Die Mischung in die gefettete Auflaufform geben.

Für den Teig das Ghee in einer kleinen ofenfesten Schüssel im vorheizenden Backofen schmelzen lassen. Anschließend mit den Eiern, dem Honig und der Kokosmilch verquirlen.

Das Kokosmehl, das Salz, die Vanille, die Tapiokastärke und das Backpulver zu der Ei-Mischung sieben. Das Erdmandelmehl dazugeben und alles zu einem klümpchenfreien Teig verrühren. Diesen 5 Minuten quellen lassen.

Anschließend den Teig in dicken Klecksen auf das Obst setzen. Den Kuchen im Backofen etwa 35 Minuten backen, bis die Oberfläche schön gebräunt ist und die Fruchtmasse blubbert. Aus dem Backofen nehmen und abkühlen lassen. Lauwarm oder kalt servieren. Reste bleiben luftdicht verpackt 2 Tage frisch.

TIPPS: Mit einer Kugel Vanilleeis (siehe Seite 168), Joghurt (siehe Seite 192), Cashewsahne (siehe Seite 189), Vanillesauce (siehe Seite 194) oder Karamellsauce (siehe Seite 196) servieren.

Auch mit anderen Obstsorten wie Pfirsichen, Erdbeeren, Beeren oder Nektarinen schmeckt dieses traditionelle amerikanische Dessert.

NÄHRWERT PRO PORTION: 331 kcal, 5 g EW, 17 g F, 33 g KH

FÜR 6 PORTIONEN

FÜR DIE FRÜCHTE

600 g Mangofruchtfleisch (frisch oder TK)
250 g Himbeeren (frisch oder TK)
20 ml Zitronensaft
2 TL Tapiokastärke
1 EL (20 g) Honig
1 Prise gemahlene Vanille

FÜR DEN TEIG

40 g Ghee
2 Eier
2 EL (40 g) Honig
100 ml Kokosmilch
20 g Kokosmehl
1 Prise Salz
1 Prise gemahlene Vanille
2 TL Tapiokastärke
1 TL Backpulver
90 g Erdmandelmehl

APPLE CRUMBLE

ZUBEREITUNG 20 MIN | BACKZEIT 40 MIN | SCHWIERIGKEIT ★ | AUFWAND ★★

Ich kenne tatsächlich niemanden, der diesen Auflauf aus Zimtäpfeln und Mandelstreuseln nicht mag! Kleiner Aufwand – große Wirkung! (Abbildung Seite 84)

Den Backofen auf 180 °C vorheizen. Eine Auflaufform gut einfetten.

Die Äpfel waschen, nach Belieben schälen und in Spalten schneiden.

Den Zitronensaft, den Honig, die Tapiokastärke, die Vanille, den Zimt, das Lebkuchengewürz und das Salz mischen. Die Mischung mit den Äpfeln vermengen und dann gleichmäßig in der Auflaufform verteilen.

Für die Streusel die Mandeln und die Haselnüsse mit einem Schneebesen vermischen. Das Kokosmehl, die Tapiokastärke, die Vanille, den Zimt und das Salz zu der Nussmischung sieben und alles gut verrühren. Das Ghee, das Kokosöl und den Ahornsirup dazugeben und alles zu einem krümeligen Teig verkneten.

Mit den Fingern den Teig zu Streuseln zerkrümeln und gleichmäßig auf den Äpfeln verteilen. Den *crumble* in den Backofen schieben und 40 Minuten backen, bis die Oberfläche schön goldbraun ist und die Fruchtmasse blubbert. Falls die Oberfläche zu schnell dunkel wird, die Form mit Backpapier abdecken.

Den *crumble* aus dem Backofen nehmen und abkühlen lassen. Lauwarm oder auch kalt servieren. Die Reste bleiben luftdicht verpackt 2 Tage frisch.

TIPP: Auch zu einem fruchtig-knusprigen *crumble* passen besonders gut eine Kugel Vanilleeis (siehe Seite 168), ein Klecks Joghurt (siehe Seite 192), Cashewsahne (siehe Seite 189), Vanillesauce oder Karamellsauce (siehe Seite 196).

NÄHRWERT PRO PORTION: 308 kcal, 5 g EW, 20 g F, 25 g KH

FÜR 6 PORTIONEN

FÜR DIE FRÜCHTE

4–5 große Äpfel
20 ml Zitronensaft
1 EL (20 g) Honig
2 TL Tapiokastärke
1 Prise gemahlene Vanille
½ TL Zimt
¼ TL Lebkuchengewürz
1 Prise Salz

FÜR DIE STREUSEL

120 g gemahlene Mandeln
30 g gemahlene Haselnüsse
10 g Kokosmehl
2 TL Tapiokastärke
1 Prise gemahlene Vanille
1 Prise Zimt
1 Prise Salz
35 g Ghee
35 g Kokosöl
40 g Ahornsirup (oder mehr, nach Geschmack)

TARTE TATIN
MIT APRIKOSEN UND PISTAZIEN

ZUBEREITUNG 40 MIN | BACKZEIT 30 MIN | KÜHLZEIT 1 STD | SCHWIERIGKEIT ★★ | AUFWAND ★★

Mein absoluter Lieblingskuchen für den Sommer: Ich liebe die Kombination von saftigen, karamellgetränkten Früchten und knusprigem Mürbeteig. Der Mürbeteig ist etwas heikel, aber mit Geduld gelingen die Schlüsselschritte trotzdem: das Auflegen des Teigs auf die Füllung und das Stürzen der Tarte nach dem Backen. (Abbildung Seite 84)

FÜR 1 TARTE

FÜR DEN TEIG

180 g gemahlene Mandeln
70 g Maniokmehl
15 g Kokosmehl
65 g Ghee
65 g Kokosöl
1 Ei
7 TL (35 g) Honig
1 Prise Salz
2–3 EL eiskaltes Wasser
(oder ein anderer Mürbeteig nach Wahl, siehe Seiten 184–187)

FÜR DIE APRIKOSEN

500 g Aprikosen
60 g Kokosblütenzucker
2 EL (40 g) Honig
50 g Ghee
1 Prise Salz
1 Prise gemahlene Vanille
2 EL Pistazien

Die Mandeln, das Maniok- und das Kokosmehl in eine Schüssel sieben. Die restlichen Zutaten dazugeben und alles zügig zu einem glatten Teig verkneten. Den Teig in Frischhaltefolie wickeln und mindestens 1 Stunde kühlen. Anschließend zwischen zwei Lagen Backpapier zu einem Kreis mit etwa 28 cm ø und einer Dicke von etwa 0,7 mm ausrollen. Den ausgerollten Teig bis zur Verwendung in den Kühlschrank legen. Die Aprikosen waschen, halbieren und entsteinen.

Eine Tarteform gut einfetten und kalt stellen. In einer Pfanne den Kokosblütenzucker, den Honig und 1 EL Ghee aufkochen lassen. Das restliche Ghee, das Salz und die Vanille dazugeben und alles gründlich verrühren. Die Aprikosen mit den Schnittseiten nach oben in das Karamell legen und etwa 5 Minuten weich ziehen lassen. Vorsichtig in die Tarte-Form heben und mit dem Karamell übergießen.

Den Teig aus dem Kühlschrank nehmen und das Backpapier mit 2 cm Abstand zum Teig abschneiden. Den Teig auf die Form stürzen und das Backpapier vorsichtig abziehen. Risse behutsam verschließen. Den Teig so tief wie möglich zwischen Pfannenrand und Aprikosen drücken.

Die Tarte etwa 30 Minuten schön braun backen, dann 10 Minuten abkühlen lassen.

Nun wird die Tarte gestürzt: Mit einem Messer den Teig behutsam vom Rand der Form lösen. Eine Kuchenplatte umgekehrt auf die Form legen. Mit Ofenhandschuhen Form und Kuchenplatte fassen und mit einer schnellen Bewegung umdrehen. Hierbei kann sehr heißer Karamell auslaufen, deshalb mit Abstand zum Körper und über der Spüle arbeiten.

Die Backform vorsichtig nach oben abziehen, verrutschte Früchte gerade rücken. Die Tarte abkühlen lassen. Mit gehackten Pistazien bestreuen und lauwarm mit Vanilleeis oder Vanillesauce servieren.

NÄHRWERT PRO STÜCK: 273 kcal, 5 g EW, 20 g F, 19 g KH

CLAFOUTIS MIT KIRSCHEN UND MANDELTRESTER

ZUBEREITUNG 10 MIN | BACKZEIT 45 MIN | SCHWIERIGKEIT ★ | AUFWAND ★

Für diesen Klassiker backen Kirschen und dickflüssiger Pfannkuchenteig in einer Auflaufform zu einem kompakten Kuchen, der durch und durch nach Hochsommer schmeckt. Bei meinem clafoutis *ist der Teig etwas weicher als bei der traditionellen Variante mit Weizenmehl. Übrigens verwenden die Franzosen die Kirschen komplett mit Steinen, weil diese den Geschmack verstärken sollen. (Abbildung Seite 84)*

FÜR 6 PORTIONEN

600 g Kirschen (frisch oder TK)
300 ml Mandelmilch
110 g Mandeltrester
2 Eier
2 Eigelb
50 g Honig
30 g Tapiokastärke
1 Prise Salz
1 Prise gemahlene Vanille

Den Backofen auf 180 °C vorheizen und eine Auflaufform gut einfetten.

Frische Kirschen waschen und trockentupfen. Die Kirschen gleichmäßig in der Auflaufform verteilen.

Die Mandelmilch, den Mandeltrester, die Eier, das Eigelb, den Honig, die Tapiokastärke, etwas Salz und etwas gemahlene Vanille gründlich miteinander verschlagen. Dann die Masse langsam über die Kirschen gießen.

Die Masse in den Ofen schieben und etwa 45 Minuten backen, bis sie gestockt und goldbraun ist. Falls die Oberfläche während des Backens zu dunkel wird, mit einer Lage Backpapier abdecken.

Den *clafoutis* aus dem Ofen nehmen und abkühlen lassen. Lauwarm oder kalt servieren, Reste halten im Kühlschrank 2 Tage.

TIPP: Auch reife Pfirsiche, Nektarinen, Mirabellen oder Beeren anstelle der Kirschen schmecken ganz großartig.

NÄHRWERT PRO PORTION: 264 kcal, 8 g EW, 14 g F, 25 g KH

ERDBEER-KOKOS-CRISP

ZUBEREITUNG 20 MIN | BACKZEIT 30 MIN | SCHWIERIGKEIT ★ | AUFWAND ★★

Der Name lässt es schon erahnen: Saftige, reife Früchte werden mit extra knusprigen Streuseln bedeckt. Hier sind es Kokosraspel, die den crisp *vom* crumble *unterscheiden.*

FÜR 6 PORTIONEN

FÜR DIE FRÜCHTE

700 g Erdbeeren
15 ml Zitronensaft
10 g Kokosblütenzucker
2 TL Tapiokastärke
1 EL (20 g) Honig
1 Prise gemahlene Vanille
1 Prise Salz

FÜR DIE STREUSEL

90 g Kokoscreme (Creamed Coconut)
30 g weiches Ghee oder Kokosöl
3 TL (30 g) Honig
1 Ei
15 g Kokosmehl
1 TL Tapiokastärke
1 Prise gemahlene Vanille
1 Prise Salz
40 g Kokosraspel

Den Backofen auf 180 °C vorheizen. Eine Auflaufform gut einfetten.

Die Erdbeeren waschen, trockentupfen, von den Stielansätzen befreien und halbieren.

Den Zitronensaft, den Zucker, die Tapiokastärke, den Honig, die gemahlene Vanille und das Salz mischen und mit dem Obst vermengen. Die Mischung gleichmäßig in der Auflaufform verteilen.

Für die Streusel die Kokoscreme, das Ghee oder Kokosöl, den Honig und das Ei miteinander verrühren. Das Kokosmehl, die Tapiokastärke, die gemahlene Vanille und das Salz zu der Masse sieben und alles zu einem klümpchenfreien Teig verarbeiten. Die Kokosraspel unterrühren und den Teig 5 Minuten quellen lassen.

Anschließend den Streuselteig zwischen den Fingern auf die Erdbeeren krümeln. Die Form mit Alufolie abdecken und den *crisp* im Backofen etwa 15 Minuten backen. Dann die Alufolie entfernen und das Gebäck 15 Minuten weiterbacken, bis die Oberfläche schön gebräunt ist und die Fruchtmasse blubbert.

Den *crisp* aus dem Backofen nehmen und abkühlen lassen. Lauwarm oder kalt servieren. Reste bleiben luftdicht verpackt 2 Tage frisch.

TIPP: Mit einer Kugel Vanilleeis (siehe Seite 168), Joghurt (siehe Seite 192), Cashewsahne (siehe Seite 189), Vanillesauce oder Karamellsauce (siehe Seite 196) servieren.

NÄHRWERT PRO PORTION: 172 kcal, 3 g EW, 9 g F, 16 g KH

MINI-KUCHEN & KEKSE

Manchmal reicht schon ein einziger dieser kleinen, aber feinen Glücklichmacher, und die Lust auf Süßes ist gestillt. Knusprige Kekse, weiche Muffins oder süß gefüllte Mini-Törtchen – was aufwendig aussieht und gerade auf Partys viele Gäste beeindruckt, ist schnell aus wenigen Zutaten gezaubert. Um einen Anlass zum Törtchen- oder Plätzchenbacken sind wir nie verlegen: Regentage, Sommer-Picknick, Adventszeit ... die süßen Minis schmecken und passen immer!

SCHOKO-CUPCAKES

ZUBEREITUNG 15 MIN | BACKZEIT 25 MIN | SCHWIERIGKEIT ★★ | AUFWAND ★

Hier steckt das Obst in der Schokocreme: Avocado ist botanisch gesehen eine Beere. Die Cupcakes sind mit frischem Espresso aromatisiert, aber auch Instant-Espresso funktioniert hervorragend.

Den Backofen auf 180 °C vorheizen. Die Mulden eines Muffinblechs mit Papierförmchen bestücken. Das Ghee in eine ofenfeste Schale geben und im vorheizenden Backofen schmelzen lassen.

Den Espresso, den Kokosblütenzucker, die Eier und die Kokosmilch zu einer glatten Masse verrühren.

Das Kokosmehl, den Kakao, das Natron, das Backpulver und das Salz mischen, zu der Eiermischung sieben und alles zu einem glatten, klümpchenfreien Teig verrühren. Nach Belieben die Schokolade fein hacken und unter den Teig mischen.

Den Teig gleichmäßig auf die Muffinmulden verteilen. Im vorgeheizten Backofen 25 Minuten backen, bis bei der Stäbchenprobe kein Teig mehr am Stäbchen kleben bleibt.

Die Cupcakes aus dem Ofen nehmen und in der Form vollständig abkühlen lassen.

Die Creme in einen Spritzbeutel geben und kleine, dekorative Tuffs auf die kalten Cupcakes spritzen.

NÄHRWERT PRO CUPCAKE: 381 kcal, 11 g EW, 26 g F, 22 g KH

FÜR 12 STÜCK

FÜR DIE CUPCAKES

70 g Ghee
40 ml Espresso, abgekühlt
110 g Kokosblütenzucker
6 Eier
140 ml Kokosmilch
75 g Kokosmehl
40 g Kakao
1 ½ TL Natron
1 ½ TL Backpulver
1 große Prise Salz
80 g dunkle Schokolade (70 % Kakaoanteil, nach Belieben)

FÜR DIE CREME

3 Rezeptmengen Avocado-Schokocreme (siehe Seite 206)

MINI-WINDBEUTEL

ZUBEREITUNG 5 MIN | BACKZEIT 25 MIN | SCHWIERIGKEIT ★★ | AUFWAND ★★★

Meine Oma backte früher faustgroße Windbeutel, die sie mit viel süßer Sahne füllte. Vor Kurzem habe ich den Brandteig wiederentdeckt und schätzen gelernt, denn er ist super vielseitig. Statt Weizenmehl verwende ich Maniokmehl. Damit werden die Windbeutel außen knusprig, innen luftig und cremig, ganz wie die Windbeutel meiner Oma.

FÜR 18 STÜCK

FÜR DEN TEIG

1 Prise Salz
50 g Ghee
75 g Maniokmehl
2 Eier

FÜR DIE FÜLLUNG

1 Rezeptmenge Crème Patissière Vanille (siehe Seite 214)

Für den Teig 125 ml Wasser mit dem Salz und dem Ghee in einem Topf erhitzen. Sobald das Ghee geschmolzen ist, vom Herd nehmen und das Maniokmehl einrieseln lassen. Mit einem Kochlöffel kräftig rühren, bis sich auf dem Topfboden eine weiße Schicht gebildet hat.

Den Brandteig in eine Schüssel umfüllen. Ein Ei dazugeben und mit dem Handrührgerät in den Teig einarbeiten, bis eine glatte Masse entstanden ist. Dann das zweite Ei unterschlagen.

Den Backofen auf 200 °C vorheizen, ein Backblech mit Backpapier belegen.

Den Teig in einen Spritzbeutel mit großer Tülle umfüllen und etwa 18 große, runde Kleckse auf das Backblech spritzen.

Die Windbeutel etwa 25 Minuten goldbraun backen. Während der Backzeit nicht die Backofentür öffnen! Die fertigen Profiteroles aus dem Ofen nehmen und vollständig auskühlen lassen.

Die Vanillecreme in einen Spritzbeutel geben. In die Windbeutel stechen und die Füllung hineindrücken. Die Windbeutel dekorativ auf einer Platte servieren.

TIPP: Für Profiteroles übergießen Sie die Windbeutel mit Schokoladensauce. Dazu 70 g dunkle Schokolade hacken und mit 70 ml heißer Kokosmilch übergießen. 1 Minute ruhen lassen und dann aufrühren, bis eine glatte Sauce entsteht.

NÄHRWERT PRO STÜCK: 125 kcal, 3 g EW, 8 g F, 10 g KH

SCHOKO-KARAMELL-TARTELETTES

ZUBEREITUNG 50 MIN | BACKZEIT 10 MIN | SCHWIERIGKEIT ★ | AUFWAND ★★

Schokolade und Karamell ist eine meiner Lieblingskombinationen. Für einen fruchtigen Vitaminkick dekoriere ich die Törtchen mit frischem Obst. Besonders lecker und dekorativ sind Erdbeeren, Kirschen, Heidelbeeren, Brombeeren oder Himbeeren.

FÜR 24 STÜCK

FÜR DEN TEIG

150 g gemahlene Mandeln
50 g Kakao
1 Prise Salz
1 Prise gemahlene Vanille
30 g Ghee
7 Medjool-Datteln
1 Ei

FÜR DIE FÜLLUNG

1 Rezeptmenge klassische Karamellsauce (siehe Seite 196)
1 Rezeptmenge Paleo-Ganache (siehe Seite 212)
Fleur de Sel (nach Belieben)
frisches Obst (z. B. Erdbeeren, Heidelbeeren, Brombeeren, Himbeeren, Kirschen oder gewürfelte Mango)

Die Mandeln, den Kakao, das Salz und die gemahlene Vanille gut mischen und dann zusammen mit dem Ghee, den Datteln und dem Ei im Mixer oder mit dem Pürierstab zu einer krümeligen Masse verarbeiten. Die Streusel zu einem Teigballen zusammendrücken.

Den Teig zu einer langen Rolle formen und fest in Frischhaltefolie einwickeln. Im Kühlschrank oder Gefrierfach mindestens 1 Stunde fest werden lassen.

Den Backofen auf 180 °C vorheizen. Die Mulden eines Backblechs für Mini-Muffins sorgfältig einfetten.

Die Teigrolle aus dem Kühlschrank nehmen und auf einem Blatt Backpapier mit einem scharfen Messer in 24 Scheiben schneiden. In jede Mulde eine Scheibe Teig drücken.

Die Tartelette-Schalen im Backofen etwa 10 Minuten backen, bis die Ränder braun werden. Die Böden gehen etwas auf, deshalb nach dem Backen sanft wieder in die Form zurückdrücken. Dann in der Backform vollständig abkühlen lassen. Die Tartelette-Schalen vorsichtig aus den Formen lösen und auf eine Kuchenplatte setzen.

½ TL Karamellsauce auf den Boden jeder Tartelette geben. Die Teigschalen mithilfe eines Löffels oder Spritzbeutels mit flüssiger Ganache auffüllen. Die Tartelettes ruhen lassen, bis die Ganache fest wird.

Vor dem Servieren jede Tartelette nach Belieben mit etwas Fleur de Sel bestreuen oder mit frischem Obst garnieren.

TIPP: Füllen Sie die Törtchen mit Karamellsauce ohne Kochen (siehe Seite 197) und Avocado-Schokocreme (siehe Seite 206).

NÄHRWERT PRO STÜCK: 127 kcal, 3 g EW, 9 g F, 8 g KH

SCHOKO-TARTELETTES
MIT PFIRSICH UND TONKABOHNE

ZUBEREITUNG 40 MIN | BACKZEIT 20 MIN | KÜHLZEIT 70 MIN | SCHWIERIGKEIT ★ | AUFWAND ★★★

Wenn beim ersten Löffel dieses Törtchens aller Stress von dir abfällt, liegt das möglicherweise an der Tonkabohne: Ihre ätherischen Öle sollen Unruhe und Nervosität mildern. Vielleicht ist der Grund dafür aber auch einfach, dass die Törtchen so lecker sind. Eines meiner liebsten Sommerdesserts!

FÜR 12 STÜCK

FÜR DEN TEIG

180 g gemahlene Mandeln
20 g Kakao
1 Prise Salz
2 EL (40 g) Honig
100 g kaltes Ghee
1 Ei
bis zu 60 ml eiskaltes Wasser
(oder 1 Rezeptmenge Mürbeteig nach Geschmack, siehe Seiten 186–189, aromatisiert mit Kakao)

FÜR DIE FÜLLUNG

3–4 reife Pfirsiche
150 ml Mandelmilch
1 Tonkabohne
1 Ei
30 g Honig
15 g Tapiokastärke
1 Prise Salz
Saft von ½ Zitrone
25 g Pistazien

Die Mandeln, den Kakao und das Salz mischen und mit dem Honig, dem Ghee, dem Ei und etwas Wasser zu einem glatten Teig verkneten. Diesen zu einer Rolle formen, fest in Frischhaltefolie wickeln und mindestens 1 Stunde im Kühlschrank fest werden lassen.

Den Backofen auf 180 °C vorheizen. Die Mulden eines Muffinblechs sorgfältig einfetten. Die Teigrolle aus dem Kühlschrank nehmen und auf einem Blatt Backpapier mit einem scharfen Messer in 24 Scheiben schneiden. In jede Muffinmulde eine Teigscheibe drücken.

Die Teigschalen im Backofen etwa 10 Minuten backen, bis die Ränder braun werden. Die Schalen gehen beim Backen etwas auf, deshalb nach dem Backen sanft zusammendrücken. Dann in den Formen vollständig abkühlen lassen. Anschließend vorsichtig aus den Formen lösen und auf ein mit Backpapier belegtes Backblech setzen.

Die Pfirsiche mit kochendem Wasser überbrühen. Dann kalt abschrecken, schälen, halbieren und entsteinen. 100 g abwiegen und zusammen mit der Mandelmilch fein pürieren. Eine Prise Tonkabohne in die Mischung reiben und diese aufkochen. Ei, Honig, Stärke und Salz mit dem Rührgerät verrühren, dann unter Rühren die heiße Pfirsichmischung zugeben. Die Masse erneut aufkochen lassen und 2–3 Minuten köcheln. Die fertige Creme mit Zitronensaft abschmecken und mit Frischhaltefolie bedeckt abkühlen lassen. Die restlichen Pfirsiche in Spalten schneiden und mit Zitronensaft beträufeln.

Die Törtchen fast zur Hälfte mit der Creme füllen. Die Pfirsichspalten dekorativ in die Creme legen. Die Törtchen auf das Backblech setzen und etwa 20 Minuten backen, bis die Pfirsiche weich sind und die Creme etwas Farbe bekommen hat. Aus dem Ofen nehmen und abkühlen lassen. Mit gehackten Pistazien bestreut servieren.

NÄHRWERT PRO STÜCK: 494 kcal, 12 g EW, 39 g F, 21 g KH

SCHOKO-ZUCCHINI-MUFFINS

ZUBEREITUNG 5 MIN | BACKZEIT 30 MIN | SCHWIERIGKEIT ★ | AUFWAND ★★

Gemüse ist ja immer so eine Sache … Meine Kinder sind nicht gerade die größten Fans von Zucchini. Wenn ich aber diese Muffins backe, schmecken Zucchini auf einmal super, wegen ihrer guten Tarnung. Und nicht nur Kinder mögen die lockeren Küchlein, sondern auch die Eltern!

FÜR 12 STÜCK

2 Zucchini
3 Eier
55 g Kokosblütenzucker
55 g Honig
25 g geschmolzenes Kokosöl
2 EL Kokosmilch
135 g gemahlene Mandeln
40 g Kakao
1 große Prise Salz
1 TL Natron
1 Prise gemahlene Vanille
½ TL Zimt (nach Belieben)

Den Backofen auf 180 °C vorheizen. Die Mulden eines Muffinblechs mit Papierförmchen bestücken.

Die Zucchini auf einer Küchenreibe oder in der Küchenmaschine sehr fein raspeln. Die Zucchiniraspel in ein sauberes Geschirrtuch geben und die Flüssigkeit durch Eindrehen des Tuchs herausdrücken. Die Flüssigkeit in einer Schüssel auffangen und beiseitestellen, von den Zucchiniraspeln 270 g abwiegen.

Die Eier, den Kokosblütenzucker, den Honig, das Kokosöl und die Kokosmilch gründlich miteinander verquirlen. Die abgewogenen Zucchiniraspel untermischen.

Die Mandeln, den Kakao, das Salz, das Natron, die gemahlene Vanille und nach Belieben den Zimt in einer Schüssel mischen. Dann mit der Zucchinimischung zu einem klümpchenfreien Teig verrühren.

Den Teig auf die Muffinmulden verteilen und im Backofen 30 Minuten backen. Wenn bei der Stäbchenprobe kein Teig mehr am Stäbchen haftet, sind die Muffins fertig.

TIPPS: Das Zucchiniwasser ist viel zu schade zum Wegschütten. Mit 1 TL Zitronensaft gemischt ist es eine köstliche Erfrischung, aber auch als Basis für einen Smoothie leistet es gute Dienste.

Bei diesem Rezept ersetze ich gelegentlich den Honig durch Birkenzucker (Xylitol). Geschmacklich fällt das nicht auf.

Für Kindergeburtstage backe ich diese Muffins gern in einem Backblech für Mini-Muffins (24 Stück).

NÄHRWERT PRO MUFFIN: 167 kcal, 7 g EW, 10 g F, 11 g KH

MINI-GALETTES
MIT ÄPFELN UND MARZIPANCREME

ZUBEREITUNG 50 MIN | BACKZEIT 30 MIN | KÜHLZEIT 1 STD | SCHWIERIGKEIT ★ | AUFWAND ★★

Galettes sind französische Obstkuchen, die ganz unkompliziert ohne Backform gebacken werden. Das Obst wird einfach auf dem ausgerollten Teigboden verteilt, dann klappt man die Ränder darüber. »Unperfekt« ist hier genau richtig, rustikales Aussehen erwünscht.

FÜR 6 STÜCK

1 Rezeptmenge Erdmandelmürbeteig (siehe Seiten 187)
100 g Honigmarzipan
30 ml Kokosmilch
1 Eigelb
20 g ungesüßtes Apfelmus
3 Äpfel
Saft von 1/2 Zitrone
2 EL Aprikosenkonfitüre (nach Belieben)

Den Erdmandelmürbeteig zubereiten, wie auf Seite 187 beschrieben, und mindestens 1 Stunde kalt stellen.

Das Marzipan, die Kokosmilch, das Eigelb und das Apfelmus mit dem Pürierstab zu einer glatten Creme verarbeiten.

Die Äpfel waschen, schälen, vom Kerngehäuse befreien und in dünne Spalten schneiden. Mit Zitronensaft beträufeln.

Den Backofen auf 180 °C vorheizen. Ein Backblech mit Backpapier auslegen.

Den Teig in sechs Portionen teilen. Jede Portion zwischen zwei Lagen Backpapier zu einer etwa 0,5 cm dicken, runden Scheibe ausrollen. Je einen großzügigen EL von der Creme in die Mitte setzen und diesen mit je einem Sechstel der Apfelspalten belegen.

Den Teig vorsichtig so nach innen klappen, dass die Äpfel teilweise bedeckt sind. Wenn der Teig reißt, Risse einfach sanft wieder zusammenschieben. Die fertigen Galettes mit einem Metallspatel auf das vorbereitete Backblech setzen. Etwa 30 Minuten backen, bis der Teig leicht gebräunt ist und die Äpfel weich sind.

Für einen schönen Glanz die Aprikosenkonfitüre in einem Kochtopf erwärmen und mit einem Backpinsel die Äpfel und Teigränder damit bestreichen. Die Galettes schmecken lauwarm am besten.

TIPPS: Sensationell sind zu diesen Mini-Galettes Vanilleeis (siehe Seite 168) und Karamell- oder Vanillesauce (siehe Seite 196).

Ersetzen Sie die Äpfel durch andere Früchte, zum Beispiel Birnen, Steinobst wie Aprikosen und Pflaumen oder durch Beeren.

NÄHRWERT PRO GALETTE: 581 kcal, 5 g EW, 42 g F, 42 g KH

KLEINE CANNELÉS BORDELAIS
BOUNTY-TÖRTCHEN

VANILLE-CUPCAKES
TARTELETTES
MIT KIRSCH- UND
BAISERCREME

VANILLE-CUPCAKES

ZUBEREITUNG 15 MIN | BACKZEIT 20 MIN | SCHWIERIGKEIT ★★ | AUFWAND ★★

Eine »Geheimzutat« macht diese hübschen Cupcakes besonders fluffig: Es sind Zucchini! Durch sie kommt das Gebäck ohne zusätzliches Öl oder Butter aus. Dafür darf die Creme dann ruhig etwas gehaltvoller ausfallen … *(Abbildung Seite 106)*

FÜR 12 STÜCK

FÜR DIE CUPCAKES

120 g Zucchini
90 g Honig
4 Eier
Mark von 1 Vanilleschote
55 g Kokosmehl
1 TL Backpulver
1 Prise Salz

FÜR DEN BELAG

1 Rezeptmenge Vanillecreme für Cupcakes (siehe Seite 206)

Den Backofen auf 180 °C vorheizen. Die Mulden eines Muffinblechs mit Papierförmchen bestücken.

Die Zucchini waschen, schälen und in Würfel schneiden. In einer Schüssel zusammen mit dem Honig, den Eiern und dem Vanillemark mit dem Pürierstab zu einer glatten Masse verarbeiten.

Das Kokosmehl, das Backpulver und das Salz vermischen und zu der Eiermischung sieben. Alles zu einem glatten, klümpchenfreien Teig verrühren.

Den Teig gleichmäßig auf die Muffinmulden verteilen. Im vorgeheizten Backofen etwa 20 Minuten goldbraun backen. Dann herausnehmen und in der Form vollständig abkühlen lassen.

Die Vanillecreme in einen Spritzbeutel geben und kleine, dekorative Tuffs auf die kalten Cupcakes spritzen.

NÄHRWERT PRO CUPCAKE: 297 kcal, 4 g EW, 22 g F, 20 g KH

KLEINE CANNELÉS BORDELAIS

ZUBEREITUNG 10 MIN | BACKZEIT 30 MIN | KÜHLZEIT 12 STD | SCHWIERIGKEIT ★ | AUFWAND ★★

Eine knusprige Karamellkruste und ein überraschend cremiger, weicher Kern – cannelés *sind meine Lieblingsküchlein. Sie stammen aus Bordeaux, nahe der Heimat meiner französischen Familie. Der Teig ähnelt einem dickflüssigen Pfannkuchenteig und wird traditionell in Kupferförmchen gebacken. Aber auch in Silikonformen gelingen sie super und ganz unkompliziert.* *(Abbildung Seite 106)*

FÜR 38 MINI-CANNELÉS

½ Vanilleschote
80 ml Kokosmilch
170 ml Nuss- oder Erdmandelmilch
(im Verhältnis Nüsse : Wasser = 1 : 6)
1 Ei
1 Eigelb
60 g Kokosblütenzucker
50 g geschmolzenes Ghee
1 EL Vanilleextrakt (nach Belieben)
70 g Maniokmehl
1 Prise Salz

Den Teig 12 Stunden vor dem Backen vorbereiten. Dazu die Vanilleschote der Länge nach aufschlitzen und das Mark herauskratzen. Die Kokosmilch und die Nussmilch aufkochen, Vanilleschote und -mark hineingeben und alles etwas ziehen lassen. Dann die Mischung auf Zimmertemperatur abkühlen lassen und die Schote entfernen. Die Vanillemilch, das Ei, das Eigelb, den Kokosblütenzucker, das Ghee und nach Belieben den Vanilleextrakt gut verquirlen. Das Maniokmehl und das Salz mischen und mit der Milchmischung zu einem glatten Teig verarbeiten. Diesen im Kühlschrank 12 Stunden ruhen lassen.

Den Backofen auf 220 °C vorheizen. Eine Silikonbackform für Mini-*cannelés* so auf einem Backofenrost platzieren, dass sie sicher und gerade steht und beim Backen kein Teig auslaufen kann. Den Teig gut durchrühren und die Mulden zu zwei Dritteln damit füllen.

Die *cannelés* 5 Minuten backen, dann die Ofentemperatur auf 180 °C reduzieren und die *cannelés* weiterbacken, bis sie gut aufgegangen und die Oberflächen schön gebräunt sind.

Das Gebäck 10 Minuten in der Backform abkühlen lassen, danach vorsichtig aus der Backform lösen.

TIPP: Mit unterschiedlichen Aromen kann man die *cannelés* endlos abwandeln. Zum Beispiel die Vanille durch Orangenschale, Orangenblütenwasser, ¼ TL Espressopulver, Rosenwasser, Zimt oder Tonkabohne ersetzen.

NÄHRWERT PRO CANNELÉ: 34 kcal, 0 g EW, 2 g F, 3 g KH

BOUNTY-TÖRTCHEN

ZUBEREITUNG 20 MIN | BACKZEIT 12 MIN | SCHWIERIGKEIT ★ | AUFWAND ★★

Auf der Webseite der amerikanischen TV-Köchin Martha Stewart entdeckte ich ein Rezept für eine Schokotarte mit Kokosboden, die mich sehr an meinen Lieblingsschokoriegel »Bounty« aus Kokosraspeln erinnerte. Da die Schokoladen-Ganache nicht gerade zu den Leichtgewichten zählt, hier eine kleinere, weniger schwere Variante – natürlich mit Paleo-Zutaten! (Abbildung Seite 106)

FÜR 24 STÜCK

FÜR DEN BODEN

10 g weiches Kokosöl
10 g weiches Ghee, plus etwas zum Einfetten
300 g Kokosraspel
3 TL (30 g) Honig
1 Prise Salz
1 Prise gemahlene Vanille
1 Ei

FÜR DIE FÜLLUNG

170 g dunkle Schokolade (70 % Kakaoanteil)
170 ml Kokos- oder Nussmilch

Den Backofen auf 160 °C vorheizen. Ein Backblech für Mini-Muffins sorgfältig mit Ghee einfetten.

Die Zutaten für den Boden in einer Schüssel zu einem klebrigen Teig verrühren. Den Teig auf die 24 Muffinmulden verteilen und gut darin festdrücken.

Die Törtchenböden etwa 12 Minuten zart braun backen, dann herausnehmen und in den Formen vollständig auskühlen lassen. Anschließend vorsichtig aus den Formen lösen und auf eine Kuchenplatte setzen.

Für die Ganache die Schokolade hacken und in eine Schüssel geben. Die Kokos- oder Nussmilch aufkochen und die Schokolade damit übergießen. Das Ganze 1 Minute stehen lassen, dann so lange rühren, bis die Schokolade geschmolzen ist.

Die Törtchenböden mit der Ganache füllen, dann die Füllung im Kühlschrank fest werden lassen. Reste halten sich in einem luftdicht schließenden Behälter bis zu 1 Woche.

TIPP: Zum Servieren mit frischem Obst, zum Beispiel Himbeeren oder Kirschen, belegt, schmecken die Törtchen noch unwiderstehlicher.

NÄHRWERT PRO TÖRTCHEN (MIT KOKOSMILCH):
145 kcal, 2 g EW, 13 g F, 5 g KH

TARTELETTES
MIT KIRSCH- UND BAISERCREME

ZUBEREITUNG 50 MIN | BACKZEIT 12 MIN | KÜHLZEIT 1 STD | SCHWIERIGKEIT ★ | AUFWAND ★★★

Dieses Rezept ist so etwas wie ein Bausatz, der immer neue Kombinationen erlaubt. Man backe einen Mürbeteigboden nach Wahl (siehe Seiten 184–187), kombiniere dazu eine beliebige Fruchtcreme (siehe Seiten 203–205) und toppe das Ganze mit Baisercreme. Kurz karamellisieren und fertig ist ein unwiderstehliches Dessert. (Abbildung Seite 108)

FÜR CA. 6 STÜCK

1 Rezeptmenge Mandel-Kokos-Mürbeteig (siehe Seite 184)
1 Rezeptmenge Kirschcreme (siehe Seite 204)
200 g frische Kirschen (nach Belieben)
1 Rezeptmenge Baisercreme (siehe Seite 209)

Den Mürbeteig zubereiten, wie auf Seite 184 beschrieben. Zu einer langen Rolle formen und fest in Frischhaltefolie einwickeln. Im Kühlschrank oder Gefrierfach mindestens 1 Stunde fest werden lassen.

Den Backofen auf 180 °C vorheizen. Sechs Tartelette-Formen sorgfältig einfetten. Alternativ ein Muffinblech verwenden.

Die Teigrolle aus dem Kühlschrank nehmen und auf einem Blatt Backpapier mit einem scharfen Messer in sechs Portionen schneiden. Jede Portion zwischen zwei Lagen Backpapier zu einer etwa 0,5 cm dicken, runden Scheibe ausrollen und diese jeweils vorsichtig in eine Tartelette-Form oder eine Muffinmulde drücken.

Die Böden im Backofen etwa 12 Minuten zart braun backen. Sie gehen beim Backen etwas auf, deshalb den Teig nach dem Herausnehmen aus dem Ofen sanft wieder in die Form zurückdrücken. Dann in den Backformen vollständig abkühlen lassen. Die Tartelette-Böden vorsichtig aus den Formen lösen und auf eine Kuchenplatte setzen.

Die Kirschcreme auf die kalten Tartelettes verteilen. Nach Belieben frische Süßkirschen entsteinen, grob hacken und auf der Kirschcreme verteilen. Die Baisercreme auf die Törtchen aufteilen und mit einem Löffelrücken dekorative Spitzen daraus formen. Alternativ die Baisercreme in einen Spritzbeutel füllen und mit einer Sterntülle auf die Törtchen spritzen.

Unter dem Backofengrill nach Belieben kurz karamellisieren und servieren. Die Törtchen halten sich gekühlt und luftdicht verpackt bis zum nächsten Tag.

NÄHRWERT PRO STÜCK: 493 kcal, 13 g EW, 34 g F, 33 g KH

KEKSSCHNECKEN MIT DATTELFÜLLUNG

ZUBEREITUNG 30 MIN | BACKZEIT 12 MIN | SCHWIERIGKEIT ★ | AUFWAND ★★

Zu unseren Sommerferien in Frankreich gehörten figolus. *Weil es diese mit Trockenfeigen gefüllten Plätzchen in Deutschland nicht gab, durften wir sie im Urlaub jeden Tag essen. Als Erwachsene wollte ich während eines Frankreichurlaubs eine Packung kaufen, um der alten Zeiten willen, aber beim Blick auf die Zutatenliste verging mir die Lust. Also backe ich nun meine eigene Version!*

FÜR 25 STÜCK

FÜR DEN TEIG

- 25 g weiches Kokosöl
- 25 g weiches Ghee
- 2 TL (20 g) Honig
- 1 Ei
- 1 Prise Salz
- 90 g gemahlene Mandeln
- 20 g Tapiokastärke
- 40 g Kokosmehl
- 1 TL Backpulver
- 1 Prise gemahlene Vanille

FÜR DIE FÜLLUNG

- 50 g getrocknete Feigen (ca. 3 Stück)
- 70 g Medjool-Datteln, entsteint (ca. 4 Stück)
- 25 g Rosinen
- 50 g Aprikosenkonfitüre
- 1 Prise Zimt (nach Belieben)
- abgeriebene Schale von ½ unbehandelten Orange (nach Belieben)
- 50 g gehackte Nüsse (z. B. Walnüsse, Mandeln, Haselnüsse, Pekannüsse, Pistazien)

Für die Füllung die Feigen von Stielansätzen befreien. Mit den Datteln in eine Schüssel geben, alles mit kochendem Wasser übergießen und einweichen.

Für den Teig das Kokosöl, das Ghee, den Honig, das Ei und das Salz in einer Schüssel mit dem Schneebesen kräftig aufschlagen. Die Mandeln, die Tapiokastärke, das Kokosmehl, das Backpulver und die gemahlene Vanille zu der Ei-Mischung sieben. Alles mit einem Kochlöffel zu einem homogenen Teig verarbeiten. Diesen zu einem rechteckigen Block formen und abgedeckt im Kühlschrank ruhen lassen.

Für die Füllung die abgetropften Feigen und Datteln zusammen mit den Rosinen, der Aprikosenkonfitüre, dem Salz und nach Belieben dem Zimt und der Orangenschale in der Küchenmaschine oder mit dem Pürierstab zu einer groben Paste verarbeiten. Die Nüsse unterrühren.

Den Backofen auf 170 °C vorheizen und ein Backblech mit Backpapier belegen.

Den Teig aus dem Kühlschrank nehmen und zwischen zwei Lagen Backpapier zu einer 0,5 cm dicken Platte ausrollen. Die Füllung der Länge nach in der Mitte des Teigstreifens verteilen.

Den Teig mithilfe des Backpapiers über der Füllung behutsam, aber fest zusammenrollen. Die Naht nach unten drehen. Die Rolle mit einem scharfen Messer in etwa 1 cm dicke Scheiben schneiden und diese nebeneinander auf das Backblech legen.

Die Teigschnecken in den Ofen schieben und etwa 12 Minuten goldbraun backen. Anschließend auf dem Blech abkühlen lassen.

NÄHRWERT PRO STÜCK: 78 kcal, 2 g EW, 5 g F, 7 g KH

ITALIENISCHE AMARETTI MORBIDI

ZUBEREITUNG 10 MIN | BACKZEIT 15 MIN | SCHWIERIGKEIT ★ | AUFWAND ★

»Morbido« ist das italienische Wort für »weich«. Das trifft auf das Innere dieser Plätzchen zu, außen jedoch umgibt sie eine knusprige Kruste. Sie lassen sich blitzschnell aus höchstens fünf Zutaten zaubern und schmecken wesentlich besser als alle amaretti, *die ich je gekauft habe.*

Den Backofen auf 180 °C vorheizen. Ein Backblech mit Backpapier belegen.

Alle Zutaten in eine Rührschüssel geben und gründlich vermischen.

Den Teig mit angefeuchteten Händen zu Bällchen rollen und diese auf das Backblech setzen.

Die *amaretti* etwa 15 Minuten backen, bis sie auf der Oberfläche Risse haben und leicht gebräunt sind. Aus dem Backofen nehmen, vorsichtig auf ein Kuchengitter setzen und vollständig abkühlen lassen. In einer luftdicht schließenden Dose aufbewahren. Nach einem Tag verlieren sie allerdings ihre Knusprigkeit und werden weich.

NÄHRWERT PRO STÜCK: 62 kcal, 2 g EW, 5 g F, 4 g KH

FÜR 24 STÜCK

200 g gemahlene Mandeln
90 g Kokosblütenzucker
1 Eiweiß
1 EL Mandelextrakt (nach Belieben, aber sehr zu empfehlen!)
1 Prise Salz

MINI-DONUTS MIT SÜSSKARTOFFEL

ZUBEREITUNG 5 MIN | BACKZEIT 5 MIN | SCHWIERIGKEIT ★ | AUFWAND ★★

Beim Einkaufen kam ich an einem Sonderangebot für einen Mini-Donut-Maker vorbei und griff zu. Schon an der Kasse fielen mir all die ungenutzten Küchengeräte in meiner Kammer ein, aber ich kaufte das Gerät trotzdem – und das war gut so! Es backt regelmäßig, vor allem an Regenwochenenden. Die Kinder lieben die kleinen Teigkringel.

Am Vortag die Süßkartoffeln waschen und je dreimal mit einer Gabel einstechen. Auf einem Backblech in den Ofen schieben und bei 220 °C 45 Minuten garen. Dann den Ofen ausschalten und die Süßkartoffeln mindestens 30 Minuten im Ofen ruhen lassen. Schälen und abkühlen lassen.

Den Mini-Donut-Maker aufheizen und die Donut-Mulden dünn mit Ghee einfetten.

250 g der Süßkartoffeln abwiegen und mit den Eiern, dem Ghee und dem Ahornsirup mit einem Pürierstab oder in einer Küchenmaschine zu einer glatten Masse verarbeiten.

Die Mandeln, die Tapiokastärke, das Backpulver, das Salz und die Gewürze mischen und mit der Süßkartoffelmischung zu einem glatten Teig vermischen.

Die Donut-Mulden zu zwei Dritteln mit Teig füllen. Das Gerät schließen und die Donuts backen, bis kein Dampf mehr austritt. Die Donuts mit Hilfe einer Gabel aus den Mulden lösen und auf einem Kuchengitter auskühlen lassen.

Nach Belieben für die Glasur die Schokolade und das Kokosöl im Wasserbad schmelzen. Die Donuts in die Glasur tauchen und dann abtropfen lassen. Zum Trocknen auf ein Kuchengitter legen.

TIPPS: Wenn ich keine Süßkartoffeln zur Hand habe, ersetze ich sie durch gekochten Butternut-Kürbis, Banane oder Apfelmus.

Schoko-Donuts: 50 g Schokolade fein gerieben unter den Teig ziehen.

NÄHRWERT PRO DONUT: 85 kcal, 2 g EW, 6 g F, 6 g KH

FÜR 28 MINI-DONUTS

FÜR DEN TEIG

1–2 Süßkartoffeln (250 g)
30 ml geschmolzenes Ghee
2 Eier
60 g Ahornsirup
150 g gemahlene Mandeln
30 g Tapiokastärke
2 TL Backpulver
1 Prise Salz
1 Prise gemahlene Vanille
½ TL Zimt
1 Prise Lebkuchengewürz

FÜR DIE GLASUR (NACH BELIEBEN)

100 g dunkle Schokolade (70 % Kakaoanteil)
1 TL Kokosöl

love
it

MADELEINES

ZUBEREITUNG 10 MIN | BACKZEIT 12 MIN | KÜHLZEIT 12 STD | SCHWIERIGKEIT ★ | AUFWAND ★★

»Echte« Madeleines sehen aus wie UFOs mit ihrem geriffelten Bauch, den knusprig scharfen Kanten und der charakteristischen Beule, die durch den Temperaturunterschied zwischen kaltem Teig und extraheißem Backofen entsteht. Ich liebe Madeleines seit ich denken kann wegen ihres feinen Geschmacks und der außen knusprigen und innen weichen Textur. Und wenn die Beule gut gelingt, freue ich mich darüber wie ein Kind.

12 Stunden vor dem Backen für den Teig in einer großen Schüssel die Eier, den Kokosblütenzucker, den Honig, die Nussmilch und den Zitronenabrieb gründlich verrühren. Das Maniokmehl, das Backpulver und das Salz mischen, zu der Ei-Mischung sieben und alles zu einem klümpchenfreien Teig verarbeiten. Das Ghee unterrühren, dann den Teig im Kühlschrank 12 Stunden ruhen lassen.

1 Stunde vor dem Backen eine Madeleine-Backform oder die Mulden eines Mini-Muffinblechs gründlich einfetten. Die Backform in den Kühlschrank stellen.

Den Backofen auf 210 °C vorheizen. Mit einem Löffel den Teig auf die Mulden des Madeleine- bzw. Muffinblechs verteilen. Behutsam mit angefeuchteten Fingern in die Mulden drücken und die Oberflächen glätten.

Die Madeleines 12 Minuten backen, bis sie an den Oberflächen zart gebräunt und an den Kanten dunkelbraun sind. Aus dem Ofen nehmen und sofort vorsichtig aus den Mulden lösen. Auf einem Kuchengitter vollständig abkühlen lassen.

NÄHRWERT PRO STÜCK (MIT KOKOSMILCH):
70 kcal, 0 g EW, 5 g F, 7 g KH

FÜR 24 MINI-MADELEINES

2 Eier
40 g Kokosblütenzucker
2 EL (40 g) Honig
40 ml Nuss- oder Kokosmilch
abgeriebene Schale von
1 unbehandelten Zitrone
120 g Maniokmehl
1 TL Backpulver
Salz
100 g geschmolzenes Ghee

SCHOKO-KOKOS-MADELEINES

ZUBEREITUNG 15 MIN | BACKZEIT 8–10 MIN | SCHWIERIGKEIT ★ | AUFWAND ★★

Das hier sind die unkonventionellen Cousins der klassischen Madeleine. Aus Kokosmehl, Schokolade und Datteln als Süßungsmittel entstehen eher kuchenartige Madeleines mit kompaktem Teig und einer ganz flachen Beule. Übrigens mögen sie Pünktlichkeit: Wenn sie zu lange im Ofen bleiben müssen, werden sie trocken. (Abbildung Seite 118)

FÜR 24 MINI-MADELEINES

140 g dunkle Schokolade (70 % Kakaoanteil)
40 g Kokosöl
40 g Ghee
100 g weiche Medjool-Datteln
2 Eier
50 g Kokosmehl
5 g Backpulver
1 Prise gemahlene Vanille
1 Prise Salz

Den Backofen auf 170 °C vorheizen. Die Mulden einer Madeleine-Backform oder einer Mini-Muffinform sorgfältig einfetten.

Die Schokolade, das Kokosöl und das Ghee im Wasserbad schmelzen und dann abkühlen lassen.

Die Datteln, die Eier und die Schokoladenmasse mit dem Pürierstab zu einer glatten Creme verarbeiten. Das Kokosmehl, das Backpulver, das Vanillepulver und das Salz mischen, zu der Schokomasse sieben und alles zu einem klümpchenfreien Teig verrühren.

Mit einem Löffel den Teig auf die Mulden des Madeleine- bzw. Muffinblechs verteilen. Mit angefeuchteten Fingern sanft in die Mulden drücken und die Oberflächen glätten.

Die Madeleines 8–10 Minuten backen, bis sie an den Oberflächen zart gebräunt sind. Aus dem Ofen nehmen und sofort vorsichtig aus den Mulden lösen. Auf einem Kuchengitter vollständig abkühlen lassen.

TIPP: 100 g dunkle Schokolade (70 % Kakaoanteil) im Wasserbad schmelzen, dann die Unterseiten der Madeleines in die flüssige Schokolade tauchen. Auf einem Kuchengitter trocknen lassen.

NÄHRWERT PRO STÜCK: 73 kcal, 2 g EW, 5 g F, 5 g KH

FINANCIERS

ZUBEREITUNG 10 MIN | BACKZEIT 15 MIN | SCHWIERIGKEIT ★ | AUFWAND ★

Obwohl ich als Kind viel Zeit in Frankreich verbrachte, lernte ich financiers *erst als Erwachsene während eines Frankreichurlaub kennen. Nach dem ersten Bissen war ich verliebt! Als Souvenir reiste eine Silikonform mit heim, damit ich meine eigenen ohne Gluten backen konnte, und jedes Blech, das ich aus dem Ofen ziehe, erinnert mich seither an jenen Urlaub in Antibes.*

FÜR 16–24 FINANCIERS (JE NACH BACKFORM)

60 g Ghee, plus etwas zum Einfetten
60 g gemahlene Mandeln
20 g Tapiokastärke
Salz
2 Eiweiß
60 g Kokosblütenzucker, zu Puderzucker gemahlen
2 TL (20 g) Honig
1 EL Mandelextrakt (nach Belieben)

Den Backofen auf 220 °C vorheizen. Eine *financiers*-Form bereitstellen. Alternativ die Mulden eines Mini-Muffinblechs mit Ghee gründlich einfetten. Das Ghee in eine kleine ofenfeste Schüssel geben und im vorheizenden Backofen schmelzen lassen.

Die Mandeln, die Tapiokastärke und das Salz klümpchenfrei vermischen.

Das Eiweiß, den Puderzucker, den Honig und nach Belieben den Mandelextrakt mit einem Holzlöffel gut verrühren. Zunächst die Mandelmischung, dann das flüssige Ghee dazugeben und alles gründlich einarbeiten.

Die *financiers*-Form auf dem Backofenrost so ausrichten, dass die Mulden festen Halt haben, damit der Teig beim Backen nicht auslaufen kann. Mithilfe eines Esslöffels den Teig auf die Mulden der *financiers*-Form oder des Mini-Muffinblechs verteilen. Achtung: Bei Verwendung eines Mini-Muffinblechs die Mulden nur zur Hälfte füllen, beim *financiers*-Blech zu drei Vierteln.

Die *financiers* in den Ofen schieben und 5 Minuten backen, dann die Ofentemperatur auf 200 °C senken und die *financiers* weitere 10 Minuten backen, bis die Oberfläche gut gebräunt ist.

Das Gebäck aus dem Backofen nehmen und in der Form abkühlen lassen, anschließend aus den Mulden lösen und vollständig auskühlen lassen.

TIPP: Das übrige Eigelb lässt sich zur Herstellung von Vanilleeis (siehe Seite 168) oder Fruchtcremes (siehe Seiten 203–205) nutzen.

NÄHRWERT PRO STÜCK (BEI 16 STÜCK):
79 kcal, 1 g EW, 6 g F, 6 g KH

FINANCIERS MIT ZITRONEN-VERBENE UND HIMBEERE

ZUBEREITUNG 10 MIN | BACKZEIT 15 MIN | SCHWIERIGKEIT ★ | AUFWAND ★

In Frankreich ist Zitronenverbene sehr beliebt und wird vor allem als Tee getrunken, aber auch in allen möglichen Desserts verwendet. Ich mag sie sehr wegen ihres feinen zitronigen Aromas. Wer keine frische Zitronenverbene findet, kann getrocknete aus einem Teebeutel nehmen.

Den Backofen auf 220 °C vorheizen. Eine *financiers*-Form bereitstellen. Alternativ die Mulden eines Mini-Muffinblechs gründlich einfetten. Das Ghee in eine kleine ofenfeste Schüssel geben und im vorheizenden Backofen schmelzen lassen.

Die Mandeln, die Tapiokastärke, das Salz, die Vanille und die Zitronenverbenenblätter klümpchenfrei vermischen.

In einer großen Schüssel das Eiweiß, den Zucker, den Honig und den Zitronenabrieb mit einem Holzlöffel gut verrühren. Zunächst die Mandelmischung, dann das flüssige Ghee sorgfältig einrühren und alles zu einem glatten Teig verarbeiten.

Die *financiers*-Form so stabil und gerade auf einen Backofenrost stellen, dass der Teig beim Backen nicht auslaufen kann. Mit einem Esslöffel die Mulden der *financiers*-Form oder des Mini-Muffinblechs mit Teig füllen. Achtung: Beim Mini-Muffinblech die Mulden höchstens zur Hälfte füllen, beim *financiers*-Blech zu drei Vierteln. Dann in jede Mulde zwei Himbeerhälften setzen.

Die *financiers* 5 Minuten backen, dann die Backofentemperatur auf 200 °C senken und das Gebäck weitere 10 Minuten backen, bis die Oberfläche gut gebräunt ist.

Das Gebäck aus dem Backofen nehmen und in der Form abkühlen lassen, dann aus den Mulden lösen und vollständig auskühlen lassen.

NÄHRWERT PRO STÜCK (BEI 16 STÜCK):

82 kcal, 1 g EW, 6 g F, 6 g KH

FÜR 16–24 FINANCIERS (JE NACH BACKFORM)

60 g Ghee
60 g gemahlene Mandeln
20 g Tapiokastärke
Salz
1 Prise gemahlene Vanille
2 TL fein gehackte frische Zitronenverbenenblätter oder 1 TL getrocknete aus einem Teebeutel
2 Eiweiß
60 g Kokosblütenzucker, zu Puderzucker gemahlen
2 TL (20 g) Honig
abgeriebene Schale von ½ unbehandelten Zitrone
24 Himbeeren (TK)

SCHNELLE MANDELPLÄTZCHEN
KOKOS-MAKRONEN

SCHOKOMAKRONEN
OHNE EI
ERDBEER-
ENGELSAUGEN

KOKOSMAKRONEN

ZUBEREITUNG 10 MIN | BACKZEIT 20 MIN | SCHWIERIGKEIT ★ | AUFWAND ★

Ein Rezept, 1000 Variationen – eigentlich ist dies gar kein Rezept, sondern eher eine Formel. Statt der Kokosraspel verwende ich auch jede andere Sorte Nuss, je nach Laune und Situation in der Vorratskammer. Wenn man die gemahlenen Nüsse oder Kokosraspel vor der Weiterverarbeitung röstet, werden die Makronen noch aromatischer. (Abbildung Seite 124)

FÜR 24 STÜCK

200 g Kokosraspel
2 Eiweiß
1 Prise Salz
100 g Kokosblütenzucker, zu Puderzucker gemahlen

Nach Belieben die Kokosraspel in einer Pfanne fettfrei rösten, bis sie aromatisch duften und goldbraun sind. Abkühlen lassen.

Den Backofen auf 160 °C vorheizen und ein Backblech mit Backpapier belegen.

Das Eiweiß und das Salz mit dem Handrührgerät leicht steif schlagen. Dann in drei Portionen den Puderzucker einarbeiten. Die Kokosraspel unterheben.

Mit zwei Löffeln Nocken abstechen und diese auf das vorbereitete Backblech legen. Im Ofen etwa 20 Minuten backen, bis sich die Makronen leicht vom Backblech lösen lassen. Aus dem Backofen nehmen, vorsichtig auf ein Kuchengitter setzen und vollständig abkühlen lassen.

TIPP: Für den speziellen Effekt auf dem Kuchenteller 1 EL Rote-Bete-, Himbeer-, Hagebutten- oder Hibiskuspulver unter den Teig rühren. Das verleiht den Makronen eine besondere Farbe und liefert Antioxidantien, sekundäre Pflanzenstoffe und eine minimale Geschmacksnote.

NÄHRWERT PRO STÜCK: 72 kcal, 1 g EW, 5 g F, 5 g KH

SCHOKOMAKRONEN OHNE EI

ZUBEREITUNG 15 MIN | BACKZEIT 15 MIN | SCHWIERIGKEIT ★ | AUFWAND ★★

Man braucht kein Ei, um leckere Makronen zu backen. Diese sind etwas fester in der Konsistenz und nicht so luftig wie die Makronen auf Eischneebasis, aber genauso lecker. Sie erinnern mich ein bisschen an den »Bounty«-Schokoriegel, den ich vor meiner Paleo-Zeit sehr gern mochte. *(Abbildung Seite 124)*

FÜR 20 STÜCK

30 g geschmolzene Kakaobutter
30 g geschmolzenes Kokosöl
200 g Kokosraspel
6 EL Kakao
1 Prise Salz
1 Prise Zimt
1 Prise gemahlene Vanille
50 g Ahornsirup
50 g Honig
100 g dunkle Schokolade
(70 % Kakaoanteil, nach Belieben)

Nach Belieben die Kokosraspel in einer Pfanne fettfrei rösten, bis sie aromatisch duften und goldbraun sind. Abkühlen lassen.

Den Backofen auf 160 °C vorheizen. Ein Backblech mit Backpapier auslegen.

Kakaobutter und Kokosöl gut miteinander mischen. Die Kokosraspel, den Kakao, das Salz, den Zimt und die Vanille in einer Schüssel mischen. Die Kakaobutter-Kokosöl-Mischung, den Ahornsirup und den Honig zu der Kokosmischung geben und alles mit einem Kochlöffel gut verrühren.

Mit einem Eisportionierer kleine Portionen der Masse abstechen, mit einem Messer die Oberfläche glatt streichen und den Löffelvoll als Halbkugel auf das Backblech drücken.

Die Makronen 15 Minuten backen, bis sie bräunlich sind und sich trocken anfühlen. Aus dem Backofen nehmen und vollständig abkühlen lassen. Vorsicht, sie sind sehr weich und brechen leicht. Erst nach dem Abkühlen vom Blech lösen, wenn sie fest sind.

Nach Belieben die Schokolade im Wasserbad schmelzen. Die Makronen in die flüssige Schokolade dippen. Abtropfen und auf einem Kuchengitter trocknen lassen.

TIPP: Köstliche Variationen dieser Makronen entstehen, wenn man zum Beispiel den Zimt durch Cayennepfeffer, kandierte Orangenschale, Zitronenabrieb, Tonkabohne, Ingwer, Lebkuchengewürz oder Espressopulver ersetzt.

NÄHRWERT PRO STÜCK: 137 kcal, 2 g EW, 11 g F, 7 g KH

ERDBEER-ENGELSAUGEN

ZUBEREITUNG 10 MIN | BACKZEIT 12 MIN | SCHWIERIGKEIT ★ | AUFWAND ★

Das Beste am Plätzchenbacken ist doch eigentlich das Teignaschen – finden auch meine Kinder. Bei diesem Teig ersetzen gemahlene Chiasamen das Ei. So kann ich ohne Bedenken dabei zusehen, wie mehr im Mund landet als auf dem Backblech. Es lohnt sich aber auch, den Teig zu backen: Die Kombination aus zimtigem, außen knusprigem und innen weichem Teig mit Konfitüre ist köstlich! (Abbildung Seite 124)

FÜR 30 STÜCK

70 g Kokosmehl
30 g Kastanienmehl
70 g Tapiokastärke
60 g gemahlene Mandeln
Salz
1 Prise Zimt
1 Prise gemahlene Vanille
3/4 EL Chiasamen,
in der Kaffeemühle fein gemahlen
70 g Apfelmus
90 g Honig
70 g flüssiges Ghee
2 EL Erdbeerkonfitüre

Den Backofen auf 160 °C vorheizen und ein Backblech mit Backpapier belegen.

Das Kokosmehl, das Kastanienmehl, die Tapiokastärke, die Mandeln, das Salz, den Zimt und das Vanillepulver in eine Schüssel sieben.

Das Chiasamenmehl, das Apfelmus, den Honig und das flüssige Ghee mit dem Handrührgerät zu einer glatten Masse verrühren. Die Mehlmischung dazugeben und alles zu einem etwas klebrigen Teig verarbeiten.

Mit angefeuchteten Händen kleine Kugeln mit etwa 1,5 cm ø formen und diese auf das Backblech setzen. Mit einem Kochlöffelstiel oder der Fingerkuppe eine Mulde hineindrücken und diese mit Konfitüre füllen.

Die Plätzchen etwa 12 Minuten im heißen Ofen backen. Gegen Ende der Backzeit kurz anheben, um zu prüfen, ob sie von unten dunkel werden. Wenn ja, das Blech auf eine höhere Schiene versetzen.

Die Plätzchen aus dem Ofen nehmen und sofort zum Abkühlen auf ein Kuchengitter legen. Frisch gebacken sind die Kekse außen recht knusprig und innen weich. Nach einer Nacht in einer Keksdose werden sie auch außen weich.

TIPP: Meine Tochter mag die Plätzchen am liebsten mit Erdbeerkonfitüre gefüllt, aber auch mit Kirschkonfitüre, Pflaumenmus oder sogar Schokocreme (siehe Seite 206) finden sie begeisterte Abnehmer.

NÄHRWERT PRO STÜCK: 65 kcal, 1 g EW, 4 g F, 6 g KH

SCHNELLE MANDELPLÄTZCHEN

ZUBEREITUNG 10 MIN | BACKZEIT 10 MIN | KÜHLZEIT 1 STD | SCHWIERIGKEIT ★ | AUFWAND ★

Meistens habe ich eine Rolle dieses Teigs in der Tiefkühltruhe liegen. Dort hält er sich ewig und ich kann bei Bedarf innerhalb von Minuten ofenfrische Plätzchen anbieten. Diese sind unglaublich einfach zuzubereiten, haben eine knusprige Konsistenz und passen super zu einer Tasse Kaffee oder einem Schüsselchen Schokopudding. (Abbildung Seite 124)

FÜR 24 STÜCK

80 g Honig
55 g weiches Ghee
2 Eigelb
1 Prise Salz
200 g gemahlene Mandeln
½ TL Backpulver

Den Honig, das Ghee und das Eigelb mit dem Handrührgerät cremig schlagen. Die Mandeln mit dem Salz und dem Backpulver vermischen und mit der Ei-Mischung zu einem glatten Teig verrühren.

Den Teig zu einer langen Rolle formen und fest in Frischhaltefolie einwickeln. Im Kühlschrank oder Gefrierfach mindestens 1 Stunde fest werden lassen.

Den Backofen auf 180 °C vorheizen. Ein Backblech mit Backpapier belegen.

Die Teigrolle aus dem Kühlschrank nehmen und auf einem Blatt Backpapier mit einem scharfen Messer in etwa 0,5 cm dicke Scheiben schneiden. Die Scheiben auf das vorbereitete Backblech legen und im Ofen auf der mittleren Schiene etwa 10 Minuten backen.

Sobald die Plätzchen an der Unterseite gut gebräunt sind, das Backblech aus dem Ofen nehmen. Die Plätzchen auf dem Blech auskühlen lassen. Nach dem Backen sind sie sehr weich, werden aber beim Abkühlen fest und knusprig.

NÄHRWERT PRO STÜCK: 85 kcal, 2 g EW, 7 g F, 3 g KH

SESAM-TUILES

ZUBEREITUNG 15 MIN | BACKZEIT 10 MIN | SCHWIERIGKEIT ★★★ | AUFWAND ★

Diese hauchdünnen, knusprigen Kekse verdanken ihren Namen ihrem Aussehen, das an die gewellten Dachziegel (französisch »tuiles«) mediterraner Häuser erinnert. Ich finde, sie passen besonders gut zu Cremespeisen oder Fruchtdesserts. Ihre Herstellung erfordert etwas Geduld, aber wer durchhält, wird belohnt!

FÜR 10 STÜCK

1 ½ TL (15 g) Honig
15 g Ghee
1 Eiweiß
1 Prise Salz
20 g Kokosblütenzucker, zu Puderzucker gemahlen
20 g Tapiokastärke
etwa 2 TL Sesam

Den Backofen auf 160 °C vorheizen und ein Backblech mit Ghee oder Kokosöl einfetten.

Den Honig und das Ghee in einem Kochtopf bei niedriger Temperatur schmelzen und dann abkühlen lassen. Das Eiweiß zusammen mit dem Salz mit dem Handrührgerät leicht steif schlagen. Den Puderzucker dazugeben und weiterschlagen, bis die Masse fest ist und glänzt. Behutsam die Tapiokastärke unter den Eischnee heben.

1 EL von der Eiweißmasse auf das Backblech geben und mit dem Löffelrücken möglichst dünn zu einem Kreis von etwa 5 cm ø verstreichen. Die Masse dünn mit Sesam bestreuen. So weiter verfahren, bis das Backblech voll oder die Eiweißmasse verbraucht ist.

Die *tuiles* in den Backofen schieben und backen, bis sie auf der Oberfläche und an den Rändern braun und trocken aussehen.

Jetzt kommt der spannende Teil: Die *tuiles* mit einem breiten Metallspatel sehr vorsichtig vom Backblech lösen und zum Trocknen über ein Nudelholz, eine Flasche oder eine andere Rolle legen. So erhalten sie die gebogene Form. Sobald sie die Form stabil halten, zum vollständigen Auskühlen auf ein Kuchengitter legen. Abgekühlt sind sie fest und knusprig, ähnlich hauchzarten Waffeln.

TIPP: Bestreuen Sie die *tuiles* statt mit Sesam mit Kokosraspeln, Mandel- oder Haselnussblättchen.

NÄHRWERT PRO STÜCK: 40 kcal, 1 g EW, 2 g F, 5 g KH

SCHLECHTWETTER-PLÄTZCHEN

ZUBEREITUNG 15 MIN | BACKZEIT 12–15 MIN | SCHWIERIGKEIT ★ | AUFWAND ★★

An verregneten Nachmittagen weiß meine Tochter fast immer genau, was sie gern unternehmen möchte: Schokoplätzchen backen! Dann kommt dieser Teig zum Einsatz. Er ist zwar etwas aufwendiger herzustellen, lässt sich aber wunderbar ausstechen und geht beim Backen nicht auf, sodass man Plätzchen mit scharfer Kontur erhält.

FÜR 40 STÜCK

60 g dunkle Schokolade
(70 % Kakaoanteil)
20 g Chiasamen
90 g Bananen, geschält
300 g gemahlene Mandeln
gemahlene Vanille
Salz
50 g Zucker
50 g Tapiokastärke
40 g Kakao
1 EL Kokosmilch

Den Backofen auf 160 °C vorheizen. Zwei Backbleche mit Backpapier belegen.

Die Schokolade schmelzen. Die Chiasamen in der elektrischen Kaffeemühle zu einem feinen Mehl mahlen. Die Banane fein pürieren.

Die Mandeln, das Vanillepulver, das Salz und den Zucker gut mischen. Die Tapiokastärke und den Kakao dazusieben und alles vermengen. Die geschmolzene Schokolade, das Bananenpüree und die Kokosmilch dazugeben und alles zu einem homogenen Teig verarbeiten. Der Teig ist recht schwer und kompakt – das soll so sein!

Den Teig zwischen zwei Lagen Backpapier etwa 0,5 cm dick ausrollen. Mit Ausstechformen Plätzchen ausstechen und auf ein Backblech legen. Die Teigreste zusammenfassen, erneut ausrollen und ausstechen, bis der gesamte Teig verbraucht ist.

Die Plätzchen 12–15 Minuten backen, dabei gut im Auge behalten, da die Backzeit je nach Dicke variiert. Faustregel: Je dünner die Kekse sind, desto knuspriger werden sie. Aus dem Ofen nehmen und sofort zum Abkühlen auf ein Kuchengitter legen. Wenn sie vollständig ausgekühlt sind, nach Belieben mit Zuckerguss oder Schokoladenglasur verzieren.

TIPPS: Die gemahlenen Mandeln lassen sich durch andere gemahlene Nüsse wie Hasel- oder Walnüsse ersetzen. Als Ersatz für die Banane eignet sich Apfelmus oder gekochte und pürierte Süßkartoffel. Geschmack und Konsistenz der Plätzchen ändern sich dadurch natürlich.

Für perfekte Weihnachtsplätzchen ½ TL Zimt und eine Prise Lebkuchengewürz unter die trockenen Zutaten mischen.

NÄHRWERT PRO STÜCK: 77 kcal, 2 g EW, 6 g F, 4 g KH

MADE WITH
LOVE
MADE WITH
LOVE
HOMEMADE
100%
QUALITY

OMAS HASELNUSS-PLÄTZCHEN

ZUBEREITUNG 15 MIN | BACKZEIT 10 MIN | KÜHLZEIT 1 STD | SCHWIERIGKEIT ★ | AUFWAND ★★

Dieses Rezept ist für meine Schwester Isabelle. Es steht für all die Weihnachtsfeste, die wir bei unseren Großeltern verbracht haben. Seit ich denken kann, backte unsere Oma für die Festtage die leckersten Haselnussplätzchen, und wenn wir nach den Feiertagen heimfuhren, packte sie uns die Reste für die lange Zugfahrt ein.

Die Haselnüsse in einer Pfanne ohne Fett goldbraun rösten.

Das Maniokmehl, das Kastanienmehl, die Tapiokastärke, den Puderzucker, das Salz und die Vanille in eine Schüssel sieben. Das Ghee, das Ei und das Eigelb zugeben und zu einem glatten Teig verkneten.

Den Teig zu einer Rolle formen und fest in Frischhaltefolie wickeln. Im Kühlschrank mindestens 1 Stunde fest werden lassen.

Den Backofen auf 180 °C vorheizen. Ein Backblech mit Backpapier belegen.

Den Teig aus dem Kühlschrank nehmen, mit einem scharfen Messer in etwa 0,5 cm dicke Scheiben schneiden und diese auf das vorbereitete Backblech legen.

Die Plätzchen 10 Minuten schön braun backen, dann aus dem Ofen nehmen und abkühlen lassen. In einem luftdicht schließenden Behälter halten sie sich mehrere Tage.

NÄHRWERT PRO STÜCK: 56 kcal, 1 g EW, 4 g F, 3 g KH

FÜR 50 STÜCK

150 g gemahlene Haselnüsse
50 g Maniokmehl
40 g Kastanienmehl
30 g Tapiokastärke
70 g Kokosblütenzucker,
  zu Puderzucker gemahlen
1 Prise Salz
1 Prise gemahlene Vanille
125 g weiches Ghee
1 Ei
1 Eigelb

Biscuits

WAFFELN, CRÊPES & SÜSSE BRÖTCHEN

Dieses Kapitel liegt mir besonders am Herzen, weil fast jedes Rezept in meiner Familie einen festen Platz hatte. Für mich sind sie Synonyme für »Kindheit« und geliebte Klassiker, die ich nun auch für meine eigenen Kinder backe. Die Rezepte zu paleo-isieren, hat so manchen Anlauf gebraucht, aber es hat sich gelohnt: Meine Kinder lieben sie! Und ich auch …

OMAS APFEL-PFANNKUCHEN

ZUBEREITUNG 10 MIN | SCHWIERIGKEIT ★ | AUFWAND ★

Jeden Samstag machte meine Oma zum Mittagessen für uns Kinder Apfelpfannkuchen: fingerdicke, außen knusprige, innen fluffige Pfannkuchen, auf denen Zuckerkrümel schmolzen. Auch meine Kinder wachsen mit Omas Apfelpfannkuchen auf, bekommen aber natürlich nicht jeden Samstag welche.

FÜR 1 PORTION

1 Apfel
1 EL Kokosöl
20 g Maniokmehl
1 Ei
1 TL (10 g) Honig
1 Prise Salz
1 Msp. Backpulver
1 TL Kokosblütenzucker oder Ahornsirup
1 Prise Zimt (nach Belieben, nicht auf Omas Liste!)

Den Apfel waschen, vom Kerngehäuse befreien und in Spalten schneiden.

In einer Pfanne bei mittlerer Temperatur das Kokosöl erhitzen.

Das Maniokmehl und das Ei in einer kleinen Schüssel zu einem klümpchenfreien zähflüssigen Teig verschlagen. Den Teig in die heiße Pfanne geben und mit den Apfelspalten belegen.

Wenn die Ränder des Pfannkuchens nach etwa 3 Minuten braun und knusprig sind, den Pfannkuchen vorsichtig wenden und weitere 2–3 Minuten braten, bis er gar ist.

Den Pfannkuchen auf einen Teller gleiten lassen, mit Kokosblütenzucker bestreuen oder mit Ahornsirup beträufeln und nach Belieben mit etwas Zimt bestauben. Entweder sofort essen oder mit Alufolie abdecken und im Backofen bei etwa 100 °C warm halten, bis alle weiteren Pfannkuchen gebacken sind.

NÄHRWERT PRO PFANNKUCHEN:
325 kcal, 8 g EW, 11 g F, 47 g KH

BRÖTCHEN
MIT SCHOKO-ÜBERRASCHUNG

ZUBEREITUNG 10 MIN | BACKZEIT 30 MIN | SCHWIERIGKEIT ★ | AUFWAND ★

Als ich klein war, backte meine Mutter süße Brötchen, in denen sie je ein Stück Schokolade versteckte. Ich liebte diese Brötchen, besonders den ersten Bissen, bei dem wir versuchten, etwas von dem warmen, flüssigen Schokokern zu erwischen. Dieses Vergnügen wollte ich meinen Kindern nicht vorenthalten, und so ist dieses Rezept entstanden, das nicht nur Kinderherzen erfreut.

FÜR 8 BRÖTCHEN

50 g Maniokmehl
30 Kastanienmehl
30 g Kochbananenmehl
20 g Tapiokastärke
2 TL Backpulver
1 Prise Salz
130 g Süßkartoffeln, weich gekocht
20 g Banane, geschält
50 g Apfelmus
25 g flüssiges Kokosöl
25 g flüssiges Ghee
1 Ei
1 ½ TL (15 g) Honig
2 Riegel dunkle Schokolade (mindestens 70 % Kakaoanteil)
1 Eigelb
1 TL Kokosmilch

Den Backofen auf 180 °C vorheizen. Ein Backblech mit Backpapier auslegen.

Das Maniokmehl, das Kastanienmehl, das Kochbananenmehl, die Tapiokastärke, das Backpulver und das Salz in eine Schüssel sieben.

Die Süßkartoffeln, die Banane, das Apfelmus, das Kokosöl, das Ghee, das Ei und den Honig im Mixer zu einer glatten Masse verarbeiten. Die Masse in eine große Schüssel umfüllen, die Mehlmischung dazugeben und alles mit einem Kochlöffel zu einem homogenen Teig verrühren. Der Teig ist sehr klebrig – das ist so in Ordnung.

Mit angefeuchteten Händen etwa golfballgroße Kugeln aus dem Teig formen. In jede Teigkugel ein Stück Schokolade drücken und die Öffnung darüber gut verschließen. Die Schokolade muss vollständig von Teig umhüllt sein, damit sie beim Backen nicht ausläuft. Die Brötchen auf das Backblech setzen.

Das Eigelb und die Kokosmilch verquirlen und die Brötchen mithilfe eines Backpinsels mit der Mischung bestreichen.

Die Brötchen etwa 30 Minuten schön braun backen. Anschließend auf einem Kuchengitter auskühlen lassen.

NÄHRWERT PRO BRÖTCHEN: 165 kcal, 2 g EW, 7 g F, 22 g KH

ROSINENBRÖTCHEN
MIT ZIMT
FRANZÖSISCHE
CRÊPES

WEICHE SÜSS-
KARTOFFELWAFFELN
MOHNSCHNECKEN

ROSINENBRÖTCHEN MIT ZIMT

ZUBEREITUNG 30 MIN | BACKZEIT 30 MIN | SCHWIERIGKEIT ★ | AUFWAND ★

Diese Brötchen sind perfekt für ein gemütliches Sonntagsfrühstück. Und sie eignen sich als Proviant für Zoonachmittage oder Spielplatzbesuche mit Kindern. Wer etwas Abwechslung braucht oder keine Rosinen mag, kann diese durch getrocknete Cranberrys ersetzen. (Abbildung Seite 142)

FÜR 8 BRÖTCHEN

100 g Cashewkerne, fein gemahlen
30 g Kokosmehl
30 g Maronenmehl
2 TL Guarkernmehl
1 TL Backpulver
1 Prise Salz
½ TL Zimt
1 Msp. gemahlene Vanille
50 g *gari* (Maniokgrieß)
40 g Kokosmilch,
plus 1 EL zum Bestreichen
10 g Ahornsirup
50 g geschmolzenes Ghee
3 Eier
100 g Banane
ca. 80 g Rosinen
1 Eigelb

Den Backofen auf 180 °C vorheizen. Ein Backblech mit Backpapier belegen.

Die Cashewkerne, das Kokosmehl, das Maronenmehl, das Guarkernmehl, das Backpulver, das Salz, den Zimt und die Vanille gut vermischen und in eine Schüssel sieben. Mit einem Schneebesen den *gari* unterrühren.

Die Kokosmilch, den Ahornsirup, das Ghee, die Eier und die Banane im Mixer zu einer glatten Masse verarbeiten. Diese in eine große Schüssel umfüllen, die Mehlmischung dazugeben und alles mit einem Kochlöffel zu einem homogenen Teig verrühren. Der Teig ist klebrig – das ist so in Ordnung. Die Rosinen unterheben.

Den Teig mit angefeuchteten Händen zu etwa golfballgroßen Kugeln formen. Diese auf das vorbereitete Backblech setzen und etwas flach drücken.

Das Eigelb mit der restlichen Kokosmilch verquirlen und die Oberflächen der Brötchen mithilfe eines Silikonpinsels damit bestreichen.

Die Brötchen im heißen Backofen etwa 30 Minuten goldbraun backen.

TIPP: Die Brötchen schmecken frisch am besten. Reste lassen sich aber gut einfrieren und später vor dem Verzehr im heißen Backofen aufbacken.

NÄHRWERT PRO BRÖTCHEN: 272 kcal, 7 g EW, 16 g F, 23 g KH

MOHNSCHNECKEN

ZUBEREITUNG 35 MIN | BACKZEIT 30 MIN | SCHWIERIGKEIT ★★ | AUFWAND ★★

Sie sind hübsch, duften köstlich und schmecken ein klein wenig nach Marzipan – diese Mohnschnecken bereichern jedes Brunch-Buffet und lassen sich gut einpacken und mitnehmen. Eine spannende Note steuern die getrockneten Sauerkirschen bei, die sich in der Mohnfüllung verstecken. *(Abbildung Seite 142)*

Den Backofen auf 180 °C vorheizen. Ein Backblech mit Backpapier belegen. Alle Zutaten für die Mohnfüllung vermischen.

Das Maniokmehl, das Kochbananenmehl, die Tapiokastärke, das Backpulver, das Salz und die Vanille in eine Schüssel sieben. In einer großen Schüssel die Banane, das Apfelmus, den Honig und das Ei mit dem Pürierstab zu einer glatten Masse verarbeiten. Die Mehlmischung zu der Bananenmischung geben und alles mit einem Kochlöffel zu einem sehr weichen Teig verrühren.

Den Teig mit etwas Maniokmehl bestauben. Auf einem Blatt Backpapier mit angefeuchteten Händen sanft und mit wenig Druck zu einem etwa 1,5 cm dicken Rechteck flach drücken. Die Mohnfüllung gleichmäßig auf dem Teig verstreichen. An den Längsseiten jeweils einen etwa 1 cm breiten Rand frei lassen.

Das Backpapier an einer Längsseite vorsichtig anheben und den Teig nach und nach sanft mit den Fingerspitzen vom Backpapier ablösen und zusammenrollen. Die Teigrolle mit der Naht nach unten auf Backpapier legen. Mit einem scharfen Messer in sägenden Bewegungen eine Scheibe abschneiden und auf das vorbereitete Backblech legen. Die Ränder der Schnecke glätten. Das Messer abwischen und auf die gleiche Weise weitere elf Scheiben abschneiden.

Die Schnecken etwa 30 Minuten goldbraun backen. Die Aprikosenkonfitüre in einem kleinen Kochtopf erwärmen und mit einem Pinsel auf den Schnecken verstreichen.

TIPPS: Die Mohnschnecken schmecken lauwarm und frisch am besten. Reste kann man gut einfrieren oder luftdicht verpackt lagern. Zum Aufbacken (etwa 10 Minuten) den Backofen auf 180 °C vorheizen und ein Schüsselchen mit Wasser auf den Ofenboden stellen.

NÄHRWERT PRO SCHNECKE: 169 kcal, 4 g EW, 7 g F, 23 g KH

FÜR 12 SCHNECKEN

FÜR DIE MOHNFÜLLUNG

90 g Dampfmohn
1 EL (20 g) Honig
30 g Kokosblütenzucker
1 Ei
60 ml Kokosmilch
3 EL getrocknete Sauerkirschen, fein gehackt
15 g geschmolzenes Ghee
Salz

FÜR DEN TEIG

120 g Maniokmehl
30 g Kochbananenmehl
20 g Tapiokastärke
2 TL Backpulver
Salz
gemahlene Vanille
80 g Banane
40 g Apfelmus
1 ½ TL (15 g) Honig
1 Ei
2 EL Aprikosenkonfitüre

WEICHE SÜSS-KARTOFFELWAFFELN

ZUBEREITUNG 5 MIN | SCHWIERIGKEIT ★ | AUFWAND ★

Seit meine Tochter bei uns ist, habe ich mehr Waffeln gegessen als je zuvor. In der Krabbelgruppe, beim Kindergeburtstag, beim Kita-Fest – es gibt kein Entkommen. Klar, dass ich ein Waffeleisen anschaffen musste, um die Waffelmanie auch zu Hause auszuleben. Mein Mann mag sie lieber weich als knusprig. Diese Variante mit Süßkartoffeln ist sein Favorit. *(Abbildung Seite 142)*

FÜR 8 WAFFELN

¼ TL geschmolzenes Kokosöl
180 g weich gekochte, kalte Süßkartoffeln
75 g weiches Ghee
65 g Honig
30 ml Orangensaft
4 Eier Größe L
30 g Kokosmehl
30 g Maniokmehl
30 g Kastanienmehl
30 g Tapiokastärke
2 TL Backpulver
je 1 Prise Salz und gemahlene Vanille

Mithilfe eines Silikonpinsels oder etwas Küchenpapiers die Grillplatten des Waffeleisens mit etwas Kokosöl bestreichen. Das Waffeleisen vorheizen.

Die Süßkartoffeln, das Ghee, den Honig, den Orangensaft und die Eier mit dem Pürierstab zu einer glatten Masse verarbeiten.

Das Kokosmehl, das Maniokmehl, die Tapiokastärke, das Backpulver, das Salz und die Vanille zu der Maniokmischung sieben und alles zu einem glatten Teig verrühren.

Eine kleine Kelle Teig auf das heiße Waffeleisen geben und mit einem Löffel grob verteilen. Das Waffeleisen schließen und den Teig backen, bis kein Dampf mehr entweicht.

Die fertigen Waffeln auf einem Kuchengitter auskühlen lassen oder im Backofen auf dem Rost bei 100 °C warm halten.

TIPP: Köstlich schmecken die Waffeln auch, wenn man die Süßkartoffeln durch Butternut-Kürbis oder Banane ersetzt.

NÄHRWERT PRO WAFFEL: 239 kcal, 6 g EW, 13 g F, 23 g KH

FRANZÖSISCHE CRÊPES

ZUBEREITUNG 5 MIN | QUELLZEIT 10 MIN | SCHWIERIGKEIT ★ | AUFWAND ★

Crêpes sind seit jeher mein Lieblingsnachtisch. Sie erinnern mich an Sommerferien bei meinen französischen Großeltern. Sie waren das Erste, was ich selbst backen konnte, und das Einzige, das ich nach der Umstellung auf Paleo wirklich sehr vermisst habe. Also probierte ich so lange herum, bis ich ein Rezept entwickelt hatte, das dem Original sehr nahekommt. (Abbildung Seite 144)

Alle Zutaten außer dem Kokosöl in ein hohes Rührgefäß geben und mit dem Pürierstab so lange verrühren, bis ein homogener Teig entstanden ist.

Den Teig 10 Minuten quellen lassen. Eine beschichtete Pfanne erhitzen und dünn mit Kokosöl ausstreichen. Je nach Größe etwa acht hauchdünne Crêpes ausbacken.

Die Crêpes sofort essen oder bei 100 °C im Backofen warm halten.

Nach Belieben mit Schokocreme (siehe Seiten 200–201) oder Clementinencreme (siehe Seite 205) bestreichen und servieren.

TIPP: Mein Favorit sind mit Ghee bestrichene und mit Kokosblütenzucker bestreute Crêpes!

NÄHRWERT PRO CRÊPE: 68 kcal, 3 g EW, 5 g F, 3 g KH

FÜR 8 CRÊPES

3 Eier
60 ml Kokosmilch
15 g Kokosmehl
2 TL Tapiokastärke
1 Prise Salz
1/8 TL Vanilleextrakt oder gemahlene Vanille
1 TL (10 g) Honig
1 TL flüssiges Ghee
geschmolzenes Kokosöl für die Pfanne

KNUSPRIGE MANIOKWAFFELN

ZUBEREITUNG 5 MIN | SCHWIERIGKEIT ★ | AUFWAND ★

Dieses Rezept entstand, als ich im Kühlschrank noch gekochten Maniok fand, der verwertet werden musste, und Kinder zu Besuch kamen. Die Waffeln waren ein Hit: außen knusprig und innen ganz weich. Gleichzeitig schmecken sie angenehm mild und sind so die perfekte Bühne für Marmelade, Clementinen- (siehe Seite 205) oder Schokocreme (siehe Seite 206).

Mithilfe eines Silikonpinsels oder etwas Küchenpapiers die Grillplatten des Waffeleisens mit Kokosöl bestreichen. Das Waffeleisen vorheizen.

Die Maniokwurzel, das Ghee, den Kokosblütenzucker, den Orangensaft oder die Nussmilch und die Eier mit dem Pürierstab zu einer glatten Masse verarbeiten.

Das Kokosmehl, das Maniokmehl, die Tapiokastärke, das Backpulver, das Salz und die Vanille zu der Maniokmischung sieben und alles zu einem glatten Teig verrühren.

Eine kleine Kelle Teig auf das heiße Waffeleisen geben und mit einem Löffel grob verteilen. Das Waffeleisen schließen und den Teig backen, bis kein Dampf mehr entweicht.

Die fertigen Waffeln auf einem Kuchengitter auskühlen lassen oder im Backofen auf dem Rost bei 100 °C warm halten.

TIPP: Die Waffeln lassen sich super einfrieren. Zum Auftauen die tiefgekühlte Waffel in Stücke brechen und einfach im Toaster aufbacken.

NÄHRWERT PRO WAFFEL (BEI 6 STÜCK) MIT O-SAFT: 343 kcal, 7 g EW, 18 g F, 30 g KH

NÄHRWERT PRO WAFFEL (BEI 6 STÜCK) MIT NUSSMILCH: 338 kcal, 7 g EW, 18 g F, 36 g KH

FÜR 6–7 WAFFELN

1/4 TL geschmolzenes Kokosöl
180 g weich gekochte, kalte Maniokwurzel
75 g weiches Ghee
75 g Kokosblütenzucker
90 ml Orangensaft oder Nussmilch
4 Eier Größe L
30 g Kokosmehl
60 g Maniokmehl
30 g Tapiokastärke
2 TL Backpulver
je 1 Prise Salz und gemahlene Vanille

CRÊPES MIT KOCHBANANE

ZUBEREITUNG 5 MIN | QUELLZEIT: 10 MIN | SCHWIERIGKEIT ★ | AUFWAND ★

Diese Crêpes haben ihren ganz eigenen Charme. Sie enthalten sensationell wenige Zutaten und statt Mehl oder Nüssen steckt Kochbanane darin. Der Teig ist etwas schwieriger zu handhaben als der für französische Crêpes (siehe Seite 147) – beim Wenden reißt er leichter und die Crêpes bleiben innen weicher –, aber meine Kinder essen sie so gern, dass es sie gibt, wann immer ich reife Kochbananen übrig habe.

FÜR 8 KLEINE CRÊPES

3 Eier
125 g Kochbanane (ca. 1 große)
125 ml Mandelmilch
1 Prise Salz
1 TL (10 g) Honig
10 g flüssiges Ghee
geschmolzenes Kokosöl für die Pfanne

Alle Zutaten außer dem Kokosöl in ein hohes Rührgefäß geben und mit dem Pürierstab oder in der Küchenmaschine zu einem homogenen Teig verarbeiten.

Eine kleine Pfanne dünn mit Kokosöl ausstreichen und erhitzen. Jeweils eine Kelle Teig hineingeben und dünne Crêpes ausbacken.

Die Crêpes sofort essen oder im Backofen bei 100 °C warm halten. Nach Geschmack mit Schokocreme (siehe Seite 206) oder Fruchtcreme (siehe Seiten 203–205) bestreichen und servieren.

NÄHRWERT PRO CRÊPE: 68 kcal, 3 g EW, 4 g F, 6 g KH

CREMES & DESSERTS

Im Restaurant geht mein erster Blick immer auf die Dessert-Karte. Das hat sich trotz meines Paleo-Lebensstils nicht geändert: Der Nachtisch ist mein Lieblingsgang! Und auch wenn ich zu Hause Gäste bewirte, mache ich mir am meisten Gedanken über die Köstlichkeit, die das Menü beenden soll. Wie gut, dass die Liste der Paleo-Lebensmittel genug hergibt, um eindrucksvolle Desserts zu zaubern, an die man sich noch lange nach dem Essen mit einem Seufzer erinnern mag. Man muss den Gästen ja nicht erzählen, dass sie mit ganz kleinem Aufwand zubereitet sind.

MATCHA-PUDDING
MIT MANGO-PASSIONSFRUCHT-SALAT

ZUBEREITUNG 15 MIN | KOCHZEIT 40 MIN | SCHWIERIGKEIT ★ | AUFWAND ★★

Kulinarische Experimente betrachtet mein Mann grundsätzlich skeptisch. Aber als ich ihm die erste Kostprobe dieses Puddings reichte, leuchtete sein Gesicht auf! Die herbe Note des Puddings und die Frische des Fruchtsalats ergänzen sich großartig, genau wie der Kontrast zwischen mattem Grün und leuchtendem Gelb.

FÜR 4 PORTIONEN

FÜR DEN PUDDING

340 ml Mandelmilch
(im Verhältnis Nüsse : Wasser = 1 : 6)
75 ml Kokosmilch
2 Eigelb
1 EL (20 g) Honig
2 TL (4 g) *matcha*-Tee
1 Prise Salz
40 g kleine Tapiokaperlen

FÜR DEN MANGO-PASSIONSFRUCHT-SALAT

1 reife Mango
3 Passionsfrüchte
1 kleiner Spritzer Zitronensaft
1 Prise gemahlene Vanille

Die Mandelmilch, die Kokosmilch, das Eigelb, den Honig, den *matcha* und das Salz im Mixer oder mit dem Pürierstab zu einer glatten, klümpchenfreien Masse verarbeiten. In einen Kochtopf umfüllen.

Die Tapiokaperlen zugeben und alles unter ständigem Rühren erhitzen. Dann ganz sanft köcheln lassen, bis der Pudding andickt und die Tapiokaperlen weich und durchsichtig werden.

Den Pudding vom Herd nehmen und Portionsschälchen zu zwei Dritteln damit füllen. Die Oberflächen mit Frischhaltefolie abdecken und die Desserts im Kühlschrank mindestens 2 Stunden kalt stellen.

Die Mango in kleine Würfel schneiden. Die Passionsfrüchte aufschneiden und das Mark herauskratzen. Nach Belieben durch ein Sieb drücken. Den Saft oder das Mark mit den Mangowürfeln mischen und alles mit Zitronensaft und gemahlener Vanille abschmecken. Bis zum Servieren kühl stellen.

Vor dem Servieren auf jede Portion von dem Pudding etwas von dem Mango-Passionsfrucht-Salat anrichten.

Der Pudding hält sich im Kühlschrank bis zu 3 Tage, der Mango-Passionsfrucht-Salat 1 Tag.

TIPPS: Das *matcha*-Pulver kann gut auch durch 1 EL Kakao oder das Mark einer Vanilleschote (die Schote mitkochen!) ersetzt werden.

So koche ich Tapiokapudding im Thermomix: Alle Zutaten bis auf die Tapiokaperlen in den Mixtopf geben und alles 10 Sekunden auf Stufe 10 mixen. Dann die Tapiokaperlen dazugeben und die Mischung 40 Minuten bei 90 °C auf Stufe 2 kochen.

NÄHRWERT PRO PORTION: 215 kcal, 4 g EW, 9 g F, 27 g KH

CHARENTAIS-MELONE MIT
ESTRAGON UND BAISER
ROTER OBSTSALAT
MIT VERBENENSIRUP
CRÈME BRÛLÉE
MIT PASSIONSFRUCHT

POTS DE CRÈME
AU CHOCOLAT MIT
ZITRUSFRUCHTSALAT

ROTER OBSTSALAT MIT VERBENENSIRUP

ZUBEREITUNG 30 MIN | KÜHLZEIT MIND. 4 STD | SCHWIERIGKEIT ★ | AUFWAND ★

Mit Freunden mieteten wir über den Sommer ein Stück Acker, um Gemüse anzubauen. Im Kräutergarten daneben entdeckte ich zufällig Zitronenverbene. Ich kenne die Pflanze aus Frankreich und liebe ihr Aroma. Seither gedeiht das Kraut auf meiner Fensterbank und liefert bereitwillig ab und zu ein paar Stängel, zum Beispiel für diesen herrlich frischen Obstsalat. (Abbildung Seite 156)

FÜR 6 PORTIONEN

FÜR DEN SIRUP

5 Stängel frische Zitronenverbene oder zwei Teebeutel
125 g Honig
abgeriebene Schale und Saft von 1 unbehandelten Limette

FÜR DEN OBSTSALAT

150 g Himbeeren
300 g Erdbeeren
100 g rote Johannisbeeren
200 g Kirschen

Den Sirup mindestens 3 Stunden vor der weiteren Verwendung, am besten aber am Vortag zubereiten. Hierzu die Zitronenverbene grob hacken und zusammen mit dem Honig und 125 ml Wasser in einem Topf erhitzen, bis sich der Honig vollständig aufgelöst hat. Den Sirup in ein dicht schließendes Gefäß umfüllen und verschlossen mindestens 3 Stunden, am besten aber über Nacht im Kühlschrank ziehen lassen. Den fertigen Sirup durch ein feines Sieb passieren. Limettenabrieb und -saft einrühren.

Das Obst waschen, verlesen und bei nach Geschmack klein schneiden. Nach Belieben die Kirschen entsteinen. Das Obst entweder in Portionsschälchen oder in eine große Schale füllen. Mit dem Sirup übergießen, alles gut durchmischen und den Salat etwa 1 Stunde ziehen lassen.

Zum Servieren den Obstsalat nach Belieben mit frischer Zitronenverbene dekorieren und mit Vanilleeis (siehe Seite 168) servieren.

TIPP: Auch ein Obstsalat aus Nektarinen, Pfirsichen, Charentais-Melone und Heidelbeeren schmeckt wunderbar.

NÄHRWERT PRO PORTION: 121 kcal, 1 g EW, 0 g F, 25 g KH

CRÈME BRÛLÉE MIT PASSIONSFRUCHT

ZUBEREITUNG 30 MIN | KÜHLZEIT MIND. 4 STD | SCHWIERIGKEIT ★ | AUFWAND ★★

Ich hatte Schwierigkeiten, diese Creme zu benennen. Ihre Konsistenz ähnelt einer Pannacotta, aber sie enthält Eigelb wie eine Crème Brûlée. Weil eine karamellisierte Kruste ihr das I-Tüpfelchen verleiht, überwogen die Argumente für Crème Brûlée. *(Abbildung Seite 156)*

FÜR 4 PORTIONEN

4 Passionsfrüchte
250 ml Kokosmilch
3 Eigelb
80 g Honig
½ Vanilleschote oder ¼ TL gemahlene Vanille
¼ TL gemahlener Ingwer (oder mehr, nach Geschmack)
1 Prise Salz
30 g Mandelmus
20 g Kakaobutter
5 g gemahlene Gelatine
4 TL Rohrohrzucker (nach Belieben)

Die Passionsfrüchte halbieren, das Fruchtfleisch herauslöffeln und zusammen mit der Kokosmilch in der Küchenmaschine zu einer glatten Masse verarbeiten.

Ein extrafeines Sieb auf einen kleinen Topf setzen und die Kokosmilch-Passionsfrucht-Mischung durch das Sieb in den Topf passieren, sodass nur die Kerne im Sieb zurückbleiben.

Das Eigelb und den Honig in einer Rührschüssel hell und cremig schlagen. Die Vanilleschote der Länge nach aufschlitzen und das Mark herauskratzen.

Den Ingwer, Vanillemark, das Salz, das Mandelmus, die Kakaobutter und die Gelatine zu der Kokosmilchmischung geben und alles unter Rühren aufkochen. Die heiße Milchmischung gründlich mit der Ei-Honig-Mischung verrühren und erhitzen, bis sich die Gelatine vollständig aufgelöst hat.

Die Masse auf vier Auflaufförmchen verteilen. Auf die Oberfläche jeder Cremeportion ein Stück Frischhaltefolie legen, damit sich keine Haut bildet. Mindestens vier Stunden im Kühlschrank fest werden lassen.

Nach Belieben jede Portion mit 1 TL Rohrohrzucker bestreuen und den Zucker mit einem Küchenbrenner karamellisieren. Das geht auch unter dem Backofengrill, aber Vorsicht: Die Hitze verflüssigt die oberste Schicht der Creme.

TIPP: Für eine interessante Geschmacksvariante die Hälfte der Kokosmilch durch Mandel-, Cashew- oder Macadamiamilch ersetzen.

NÄHRWERT PRO PORTION: 378 kcal, 6 g EW, 29 g F, 24 g KH

POTS DE CRÈME AU CHOCOLAT MIT ZITRUSFRUCHTSALAT

ZUBEREITUNG 25 MIN | KÜHLZEIT 2 STD | SCHWIERIGKEIT ★ | AUFWAND ★★

Bin ich die Einzige, der es schwerfällt, nur eines von diesen Töpfchen zu essen? Die Creme hat eine ganz samtige Konsistenz und kontrastiert wunderbar den frischen, säuerlichen Fruchtsalat. Außerdem ist sie schnell gekocht und der Backofen leistet den Rest der Arbeit. *(Abbildung Seite 156)*

Den Backofen auf 180 °C vorheizen. Eine Fettpfanne bereitstellen.

Für die *pots de crème* die Mandelmilch, die Kokosmilch, das Salz, die Orangenschale und die Zimtstange zusammen aufkochen. Dann die Mischung vom Herd nehmen und 10 Minuten ziehen lassen. Die Zimtstange und die Orangenschale entfernen. Die Schokolade in die heiße Milch geben und rühren, bis sich beides gut verbunden hat.

Das Eigelb und den Kokosblütenzucker in einer Schüssel schaumig schlagen. Die heiße Schokoladenmilch langsam einfließen lassen und unterrühren. Das Orangenblütenwasser einrühren.

Die Mischung auf vier ofenfeste Gläser (z. B. Weckgläser) verteilen und diese in die Fettpfanne setzen. Kochendes Wasser in die Pfanne gießen, bis die Gläser zu etwa einem Drittel von Wasser bedeckt sind.

Die Ofentemperatur auf 150 °C senken. Die Creme im Ofen etwa 40 Minuten fest werden lassen. Zum Test ein Gläschen antippen: Je weniger die Masse vibriert, desto fester ist sie. Dann die *Pots de crème* aus dem Wasserbad nehmen und mit Frischhaltefolie abdecken. Im Kühlschrank abkühlen lassen.

Für den Fruchtsalat die Früchte schälen und mit einem scharfen Messer die Fruchtsegmente aus den Trennhäuten schneiden. Den Honig und den Mandarinensaft verquirlen und etwas Zimt darüberstreuen. Das Dressing mit den Früchten mischen und diese auf Portionsschälchen verteilen. Nach Belieben mit Granatapfelkernen bestreuen und bis zum Servieren im Kühlschrank ziehen lassen. Die *pots de crèmes* mit dem Fruchtsalat servieren.

NÄHRWERT PRO PORTION: 332 kcal, 7 g EW, 21 g F, 28 g KH

FÜR 4 PORTIONEN

FÜR DIE POTS DE CRÈME

400 ml Mandelmilch (im Verhältnis Mandeln: Wasser = 1:6)
50 ml Kokosmilch
1 Prise Salz
1 Stück (ca. 4 cm) unbehandelte Orangenschale
1 Zimtstange
90 g dunkle Schokolade (70 % Kakaoanteil), grob zerkleinert
4 Eigelb
30 g Kokosblütenzucker
1 TL Orangenblütenwasser

FÜR DEN ZITRUSFRUCHTSALAT

Zitrusfrüchte nach Belieben (z. B. 2 Clementinen, 1 Orange, 1 Blutorange)
1 TL (10 g) Honig
Saft von 1 Mandarine
1 Prise Zimt
2 EL Granatapfelkerne (nach Belieben)

CHARENTAIS-MELONE
MIT ESTRAGON UND BAISERHAUBE

ZUBEREITUNG 25 MIN | KOCHZEIT 5 MIN | BACKZEIT 5 MIN | SCHWIERIGKEIT ★ | AUFWAND ★

Meine französische Familie lebte in der Charente-Maritime, wo die aromatischsten Melonen wachsen, die ich kenne. Reife Exemplare erkennt man am intensiven Duft am Stielansatz. Je betörender sie duftet, desto reifer die Melone. Charentais-Melonen sind also für sich allein schon köstlich, aber wenn es doch einmal ein schickes Sommerdessert sein muss, ist dieses mit wenig Aufwand gezaubert. *(Abbildung Seite 156)*

FÜR 4 PORTIONEN

3 Eiweiß
1 Prise Salz
90 g Kokosblütenzucker, zu Puderzucker gemahlen
2 Charentais-Melonen
20 g Ghee
2 EL Kokosblütenzucker
Blätter von ½ Stängel Estragon, fein gehackt

Das Eiweiß zusammen mit dem Salz mit dem Handrührgerät schlagen, bis sich weiche Spitzen bilden. Nun langsam unter ständigem Schlagen den Puderzucker einrieseln lassen und weiterschlagen, bis der Zucker sich aufgelöst hat und die Masse glänzt.

Die Melonen halbieren und die Kerne entfernen. Das Fruchtfleisch mit einem Messer diagonal in beide Richtungen so bis auf die Schale einschneiden, dass ein Rautenmuster entsteht. Nun das Melonenfleisch mit einem Löffel aus der Schale schaben. Dabei entstehen kleine Würfel.

Das Ghee und den Kokosblütenzucker in einer Grillpfanne schmelzen lassen. Die Melone dazugeben und braten, bis sie Farbe bekommt. Mit dem gehackten Estragon bestreuen und noch etwas weiterbraten.

Den Backofengrill vorheizen. Die gebratene Melone auf vier ofenfeste Portionsschüsseln verteilen. Die Baisermasse mithilfe eines Spritzbeutels oder eines Esslöffels auf die Melonenwürfel verteilen. Die Desserts in den Backofen schieben und karamellisieren, bis die Baiserhauben Farbe bekommen. Dann sofort aus dem Ofen nehmen und servieren.

Das Dessert am besten noch am selben Tag verbrauchen.

NÄHRWERT PRO PORTION: 314 kcal, 6 g EW, 6 g F, 59 g KH

ESPRESSO-SCHOKO-CHIA-PUDDING

ZUBEREITUNG 5 MIN | KÜHLZEIT MIND. 1 STD | SCHWIERIGKEIT ★ | AUFWAND ★

Es gibt viele Gründe, diesen blitzschnellen, genial einfachen Pudding zu mögen: Er enthält Chiasamen, ein Superfood mit gesunden Fettsäuren, außerdem sättigt er mit reichlich Ballaststoffen und gibt so ein großartiges Frühstück ab. Mich erinnert er an Rom. Aus jenem Urlaub brachte ich als Souvenir eine Espressokanne mit, die den weltbesten Kaffee kocht. Und so weckt jeder Löffel Chia-Pudding mein Fernweh.

FÜR 2–3 PORTIONEN

100 g Chiasamen
30 g Kakao
1 Prise Salz
1 Prise gemahlene Vanille
1 Prise Kaffeegewürz (nach Belieben)
50 ml Ahornsirup
100 ml frisch gekochter Espresso
200 ml Kokosmilch
200 ml Wasser oder Mandelmilch

Die Chiasamen in der Kaffeemühle portionsweise fein mahlen. Für eine »Fischaugentextur« die Samen ganz verarbeiten. Das Chiamehl oder die ganzen Samen mit dem Kakao, dem Salz, der Vanille und nach Belieben dem Kaffeegewürz mischen.

Den Ahornsirup, den Espresso und die Kokosmilch in einer Schüssel mit dem Wasser oder der Mandelmilch verrühren. Die Chiamischung dazugeben und alles zu einer klümpchenfreien Masse verarbeiten.

Die Masse mindestens 1 Stunde abgedeckt im Kühlschrank ruhen und quellen lassen. Ist der Pudding anschließend zu fest, esslöffelweise Kokos- oder Mandelmilch einrühren, bis die gewünschte Konsistenz erreicht ist. Bei Bedarf mit Ahornsirup nachsüßen.

TIPP: Frisches Obst oder Kompott sind exquisite Begleiter für dieses Dessert.

NÄHRWERT PRO PORTION MIT WASSER:
479 kcal, 15 g EW, 31 g F, 20 g KH

NÄHRWERT PRO PORTION MIT MANDELMILCH:
488 kcal, 15 g EW, 32 g F, 20 g KH

Panna Cotta

ORANGEN-PANNA-COTTA MIT HIMBEER-COULIS UND KOKOSKROKANT

ZUBEREITUNG 25 MIN | KOCHZEIT 10 MIN | RUHEZEIT 15 MIN | KÜHLZEIT 4 STD | SCHWIERIGKEIT ★ | AUFWAND ★★

Jede Komponente dieses Desserts ist für sich allein schon lecker, alle zusammen sind ein Gedicht! Wenn ich die Pannacotta Gästen servieren möchte, lasse ich sie portionsweise in Auflaufförmchen oder Gläschen fest werden, plane ich sie für eine Party, dann bereite ich das vierfache Rezept zu und fülle es in eine gläserne Auflaufform.

Die Vanilleschote der Länge nach aufschlitzen und das Mark herauskratzen. Die Mandelmilch, die Kokosmilch, den Honig, Vanilleschote und -mark und die Orangenschale in einem Topf aufkochen. Die Mischung 15 Minuten ziehen lassen, dann erneut aufkochen. Die Vanilleschote entfernen und die Milch zusammen mit dem Salz, dem Mandelmus, der Kakaobutter und der Gelatine zu einer glatten, homogenen Masse verrühren. Zuletzt nach Belieben das Orangenblütenwasser einrühren.

Die Pannacotta auf vier kleine Auflaufformen oder Gläschen verteilen oder in eine große Form gießen. Mindestens 4 Stunden im Kühlschrank fest werden lassen.

Zum Servieren jeweils etwas Himbeer-Coulis auf jede Portion Pannacotta löffeln und diese mit Kokoskrokant bestreuen. Oder die große Pannacotta mit Kokoskrokant bestreuen und die Himbeer-Coulis separat dazu reichen.

Die Pannacotta hält sich im Kühlschrank 2 Tage.

NÄHRWERT PRO PORTION: 375 kcal, 4 g EW, 28 g F, 23 g KH

FÜR 4 PORTIONEN

- 1 Vanilleschote
- 330 ml Mandelmilch (im Verhältnis Mandeln:Wasser = 1:6)
- 40 ml Kokosmilch
- 3 TL (30 g) Honig
- 1 Stück (ca. 3 cm) unbehandelte Orangenschale
- 1 Prise Salz
- 10 g Mandelmus
- 20 g Kakaobutter
- 5 g gemahlene Gelatine
- 1 TL Orangenblütenwasser (nach Belieben)

ZUM SERVIEREN

- 1 Rezeptmenge Krokant (siehe Seite 193) mit Kokoschips
- 1 Rezeptmenge Himbeer-Coulis (siehe Seite 197)

ERDBEER-KORIANDER-EIS

ZUBEREITUNG 5 MIN | SCHWIERIGKEIT ★ | AUFWAND ★

Seit wir in Thailand waren, gehört Koriander zu meinen Lieblingskräutern. Ich mag sein Aroma und streue ihn gerne über Suppen und Gemüsegerichte. Als ich ein Rezept für eine Erdbeer-Koriander-Salsa fand, fiel mir spontan ein, dass beides zusammen sicher auch ein leckeres Eis abgeben würde – und genau so war es! Das Beste: Es ist ganz ohne Eismaschine in nur fünf Minuten fertig.

Frische Erdbeeren putzen, in Stücke schneiden und über Nacht einfrieren.

Die tiefgekühlten Erdbeeren, den Koriander, die Kokosmilch, den Zitronenabrieb und den Honig mit dem Pürierstab zu einem cremigen, homogenen Eis verarbeiten. Falls das Eis zu weich ist, etwa 30 Minuten ins Gefrierfach stellen.

Mit einem Eisportionierer Kugeln formen und diese in Eisschälchen setzen. Nach Belieben mit Kokossahne (siehe Seite 189) und schnellen Mandelplätzchen (siehe Seite 129) servieren.

TIPP: Die Kokosmilch durch 250 ml eiskalte Mandelmilch ersetzen, alles pürieren und fertig ist ein köstlicher Milchshake!

NÄHRWERT PRO PORTION: 33 kcal, 1 g EW, 1 g F, 4 g KH

FÜR 5 GROSSE KUGELN

250 g Erdbeeren (frisch oder TK)
Blätter von 5 Stängeln Koriander, gewaschen
20 ml Kokosmilch
abgeriebene Schale von ¼ unbehandelten Zitrone
1 TL (10 g) Honig (oder mehr, nach Geschmack)

VANILLEEIS

ZUBEREITUNG 15 MIN | SCHWIERIGKEIT ★ | AUFWAND ★★

Ein gutes Vanilleeis ist wie eine weiße Bluse: Unterschiedliche Accessoires machen daraus hundert verschiedene Outfits. Bei diesem Basiseisrezept funktioniert das so: Man gebe Zimt, Kaffeepulver, Rosenwasser, Orangenschale, Schokostückchen, Karamell- oder Schokosauce, zerbröselte Plätzchen, Plätzchenteig, Krokant, Kokosflocken, frisches Obst … hinzu und kann seine Gäste mit grandiosen Geschmackserlebnissen beeindrucken. Eine Kugel pures Vanilleeis veredelt jedes Dessert.

FÜR 5 KUGELN

1 Vanilleschote
60 g weiche Medjool-Datteln, entsteint
150 ml Nussmilch
150 ml Kokosmilch
2 Eigelb
2 EL (40 g) Honig (nach Geschmack)
1 g gemahlene Gelatine (nach Belieben)
1 Prise Salz

Die Vanilleschote der Länge nach aufschneiden und das Mark herauskratzen. Die Datteln zusammen mit der Nussmilch, der Kokosmilch, der Vanilleschote und dem -mark aufkochen. Die Mischung vom Herd nehmen und 15 Minuten ziehen lassen, dann zusammen mit den restlichen Zutaten im Mixer oder mit dem Pürierstab zu einer feinen Masse verarbeiten.

Die Mischung in einem Topf unter ständigem Rühren erhitzen, bis sie andickt und sich die Gelatine vollständig aufgelöst hat. Die Masse in eine Frischhaltebox umfüllen und zum Abkühlen in den Kühlschrank stellen.

Die abgekühlte Creme gut durchrühren, bis sie ganz glatt und klümpchenfrei ist. Entweder in einer Eismaschine gefrieren lassen oder in einem flachen, großflächigen Behälter im Gefrierfach einfrieren.

Die gefrorene Masse in Stücke schneiden und im Mixer zu einem cremigen Eis pürieren. Falls das Eis durch das Mixen zu weich geworden ist, 1 weitere Stunde einfrieren.

Das fertige Eis mit einem Eisportionierer zu Kugeln formen und servieren.

TIPP: Die Datteln verleihen der Eiscreme eine leichte Karamellnote. Wer die nicht mag, lässt die Datteln weg und süßt das Eis stattdessen mit 100 g Kokosblütenzucker, Honig oder Ahornsirup.

NÄHRWERT PRO PORTION: 162 kcal, 2 g EW, 10 g F, 15 g KH

SCHOKOLADENEIS

ZUBEREITUNG 30 MIN | SCHWIERIGKEIT ★ | AUFWAND ★★

Cremig, schokoladig und einfach lecker: mein Basisrezept für Schokoladeneis. Genau wie das Vanilleeis lässt es sich ganz nach Laune, Geschmack und Anlass abwandeln.

In einem Topf die Milch zusammen mit der Gelatine unter ständigem Rühren erhitzen, bis sich die Gelatine komplett aufgelöst hat. Die warme Milch zusammen mit allen anderen Zutaten im Mixer oder mit dem Pürierstab zu einer glatten Masse verarbeiten. In eine Frischhaltebox umfüllen und zum Abkühlen in den Kühlschrank stellen.

Die abgekühlte Creme gut durchrühren, bis sie ganz glatt und klümpchenfrei ist. Entweder in einer Eismaschine gefrieren lassen oder in einem flachen, großflächigen Behälter im Gefrierfach einfrieren.

Die gefrorene Masse in Stücke schneiden und im Mixer zu einem cremigen Eis pürieren. Falls das Eis durch das Mixen zu weich geworden ist, 1 weitere Stunde einfrieren.

Das fertige Eis mit einem Eisportionierer zu Kugeln formen und servieren.

NÄHRWERT PRO PORTION: 333 kcal, 8 g EW, 18 g F, 32 g KH

FÜR 5 KUGELN

150 ml Nussmilch
150 ml Kokosmilch
2 g gemahlene Gelatine
20 g Kakao
60 g weiche Medjool-Datteln, entsteint
2 EL (40 g) Honig (nach Geschmack)
1 Prise Salz
1 Prise gemahlene Vanille

GRATINIERTE ORANGE
MIT BANANEN-KOKOS-EIS

ZUBEREITUNG 10 MIN | BACKZEIT 10 MIN | SCHWIERIGKEIT ★ | AUFWAND ★

Wenn ich dieses Dessert serviere, verstummen nach den ersten »Ahs« und »Ohs« die Gespräche und zu hören ist nur noch das Klappern des Bestecks. Und obwohl es so effektvoll aussieht, ist es doch ganz leicht aus wenigen Zutaten gemacht. Es lässt sich auch gut abwandeln: mit Grapefruits oder Blutorangen anstelle der Orangen oder mit einem Teelöffel Kakao und einer Prise Zimt, unter das Bananeneis gerührt.

FÜR 4 PORTIONEN

FÜR DAS EIS

3 große Bananen, in Scheiben geschnitten und über Nacht tiefgekühlt (je reifer die Bananen, desto süßer wird das Eis)
30 ml Kokosmilch
1 Msp. Salz
1 Msp. gemahlene Vanille
½ TL fein gemahlene Gelatine (nach Belieben)

FÜR DIE ORANGEN

2 unbehandelte Orangen (z. B. Navel)
1 EL (20 g) Honig
½ TL Zimt
1 Msp. gemahlene Vanille
2 EL Kokosraspel

Die gefrorenen Bananenscheiben, die Kokosmilch, das Salz, die Vanille und nach Belieben die Gelatine im Mixer oder mit dem Pürierstab zu einem glatten, cremigen Eis verarbeiten.

Das fertige Eis in eine Schüssel füllen und bis zum Servieren in den Gefrierschrank stellen.

Die Orangen heiß abspülen und trockentupfen. Die Früchte quer halbieren und den Boden etwas abschneiden, sodass die Orangen möglichst waagerecht auf dem Backblech stehen. Dabei das Fruchtfleisch nicht beschädigen. Mit einem kleinen, spitzen Messer das Fruchtfleisch behutsam von den Trennhäuten lösen, damit es sich nach dem Grillen leicht herauslöffeln lässt.

In einer kleinen Schüssel den Honig, den Zimt und die Vanille zu einer homogenen Paste verrühren und diese gleichmäßig auf den Schnittflächen der Orangen verteilen.

Die Orangen unter dem heißen Backofengrill grillen, bis die Oberfläche braun karamellisiert ist und blubbert. Aus dem Ofen nehmen und abkühlen lassen.

In der Zwischenzeit die Kokosraspel in einer Pfanne ohne Fett goldbraun rösten.

Je eine lauwarme Orangenhälfte auf einen Teller setzen und mit gerösteten Kokosraspeln bestreuen.

Das Eis aus dem Gefrierschrank nehmen, mit einem Eisportionierer auf jede Orangenhälfte eine Kugel setzen. Mit Kokosraspeln bestreuen und sofort servieren, sonst schmilzt das Eis.

NÄHRWERT PRO PORTION: 221 kcal, 3 g EW, 7 g F, 33 g KH

1

HEISSE GETRÄNKE

Ein kleines Ritual ist mir lieb und teuer: Wenn meine Kinder schlafen und der Tag geschafft ist, bereite ich mir ein heißes Getränk zu. Meistens eine Tasse Kräutertee, doch wenn mir der Sinn nach etwas Besonderem steht, koche ich heiße Schokolade oder Kurkuma-Tee. Aber auch als schnelles Frühstück für unterwegs ist etwas Heißes ideal. Dann gieße ich das Ganze in einen Thermobecher, und die Fahrt zur Arbeit ist gleich viel entspannter. Ganz egal zu welcher Tageszeit, eine Geheimzutat füge ich fast immer hinzu: einen Löffel gemahlene Gelatine. Die ist dank dem Protein sehr nahrhaft, macht Haut und Haare schön und das Getränk ganz leicht dickflüssig – lecker!

MATCHA »LATTE«

ZUBEREITUNG 5 MIN | KÜHLZEIT 35 MIN | SCHWIERIGKEIT ★ | AUFWAND ★

Wenn die Zeit morgens nur für ein Frühstück zwischen Tür und Angel reicht, mixe ich mir einen Matcha »Latte« und nehme ihn im Isolierbecher mit zur Arbeit. Schon Geschmack und Farbe von matcha *machen gute Laune. Meine Spezialversion spendet obendrein viel Energie, macht wach und satt. Die sättigende Wirkung kommt von den Eiern, die ihm eine sämige Konsistenz verleihen.*

Den *matcha*, den Honig, die Eier, das Kokosöl, das Salz und nach Belieben die Gelatine in ein Rührgefäß oder in die Küchenmaschine geben. Alles in der Küchenmaschine auf niedriger Stufe oder mit dem Pürierstab fein mixen. Das heiße Wasser langsam in die Mischung einfließen lassen, dabei ständig sanft weitermixen. Sobald das ganze Wasser eingeflossen ist, die Mischung bei höherer Geschwindigkeit schaumig rühren. In eine Tasse oder einen Isolierbecher füllen und bald genießen.

NÄHRWERT PRO PORTION (BEI 2 PORTIONEN):

50 kcal, 4 g EW, 3 g F, 3 g KH

FÜR 1–2 PORTIONEN

1/4–1/2 TL *matcha*
1 TL (10 g) Honig (nach Belieben)
2 Eier
15 g Kokosöl
1 Prise Salz
1 TL gemahlene Gelatine (nach Belieben)
300 ml Wasser, aufgekocht und etwa 35 Minuten abgekühlt

INGWER-KURKUMA-GEWÜRZTEE MIT LIMETTE

ZUBEREITUNG 5 MIN | KÜHLZEIT 35 MIN | SCHWIERIGKEIT ★ | AUFWAND ★

Wenn die Erkältungswelle anrollt, ist dieser Tee meine Geheimwaffe. Er enthält unzählige Antioxidantien und sekundäre Pflanzenstoffe, die die Abwehrkräfte stärken und gegen Entzündungen wirken. Außerdem heizen Scharfstoffe wie Gingerol im Ingwer oder Piperin im Pfeffer dem Stoffwechsel ein und wärmen richtig schön.

Den Ingwer und die Kurkuma schälen. Dabei Einweghandschuhe tragen, weil Kurkuma die Hände gelb färbt. Zusammen mit allen anderen Zutaten bis auf den Limettensaft in einem Mixer oder mit dem Pürierstab fein mixen.

Den Tee in eine Tasse umfüllen, den Limettensaft dazugeben und die Mischung sofort trinken.

TIPP: Frische Kurkuma ähnelt im Aussehen dem Ingwer. Sie ist in Asialäden oder gut sortierten Bioläden erhältlich. Wer keine frische Kurkuma bekommt, kann Kurkumapulver aus dem Gewürzregal verwenden.

NÄHRWERT PRO PORTION: 44 kcal, 0 g EW, 4 g F, 1 g KH

FÜR 1 PORTION

1 Stück (ca. 1 cm) frischer Ingwer
1 Stück (ca. 1 cm) frische Kurkuma
1/4 TL Zimt
1/4 TL *matcha*-Tee (nach Belieben – wirkt belebend)
1/4 TL gemahlene Vanille
1/4 TL frisch gemahlener schwarzer Pfeffer
1 TL gemahlene Gelatine (nach Belieben)
20 ml Kokosmilch
Honig (nach Belieben)
250 ml Wasser, aufgekocht und etwa 35 Minuten abgekühlt
Saft von 1 Limette

ZICHORIENKAFFEE MIT ZIMT

ZUBEREITUNG 5 MIN | SCHWIERIGKEIT ★ | AUFWAND ★

Während ich meine Kinder stillte, konnte ich keinen Kaffee trinken, denn das Koffein verwandelte sie in schreiende Duracell-Häschen. Als ich den Zusammenhang zwischen meinem aufgeputschten Baby und dem Koffein begriffen hatte, stieg ich auf Zichorienkaffee aus gerösteten und gemahlenen Zichorienwurzeln um. Den fand ich überraschend lecker und trinke ihn heute noch, lange nach Ende der Stillzeit.

Den Zichorienkaffee in eine Kaffeepresse geben. Mit 200 ml kochendem Wasser aufgießen und 5 Minuten stehen lassen, dann das Sieb der Kaffeepresse herunterdrücken.

Die Gewürze, die Gelatine, das Kokosöl, nach Belieben ein Süßungsmittel und die Kokos- oder Nussmilch in ein Rührgefäß oder in die Küchenmaschine geben. Alles in der Küchenmaschine auf niedriger Stufe oder mit dem Pürierstab gründlich vermischen. Dann den Kaffee langsam in dünnem Strahl einfließen lassen. Wenn der gesamte Kaffee im Topf ist, die Mischung auf höchster Stufe schaumig mixen. In eine Tasse füllen und sofort trinken.

NÄHRWERT PRO PORTION MIT KOKOSMILCH:
268 kcal, 2 g EW, 27 g F, 5 g KH

NÄHRWERT PRO PORTION MIT NUSSMILCH:
63 kcal, 1 g EW, 6 g F, 1 g KH

FÜR 1 PORTION

2 EL Zichorienkaffee
1 Prise Zimt
1 Prise Lebkuchengewürz
1 Prise gemahlene Vanille
1 TL gemahlene Gelatine
1 TL Kokosöl
Süßungsmittel (nach Belieben)
100 ml Kokos- oder Nussmilch

TAHINI-SCHOKOLADE

ZUBEREITUNG 5 MIN | SCHWIERIGKEIT ★ | AUFWAND ★

Sesam ist ein sehr guter Kalziumlieferant, eine Tasse heiße tahini*-Schokolade stärkt also die Knochen. Abgesehen davon schmeckt sie einfach lecker: Ich mag die Verbindung von leicht bitterer* tahini *und Schokolade sehr.*

Alle Zutaten in eine Tasse geben, mit 250 ml kochendem Wasser aufgießen und mit einem Löffel, Schneebesen oder Milchaufschäumer leicht schaumig rühren. Genießen.

NÄHRWERT PRO PORTION: 226 kcal, 5 g EW, 21 g F, 5 g KH

FÜR 1 PORTION

20 g *tahini*
10 g Kakaobutter
1 EL Kakao
je eine gute Prise Zimt, gemahlene Vanille, Salz
Honig (nach Geschmack)

HEISSE WEISSE SCHOKOLADE

ZUBEREITUNG 5 MIN | SCHWIERIGKEIT ★ | AUFWAND ★

Lange vor meiner Paleo-Zeit war weiße Schokolade meine Lieblingsschokolade. Als überall Coffeeshops aus der Erde schossen, bestellte ich hier und da eine heiße weiße Schokolade und war jedes Mal enttäuscht von deren klebriger Süße und dem künstlichen Geschmack. Jetzt habe ich sie neu entdeckt, denn selbst gemacht schmeckt sie genau, wie sie soll: schokoladig, nicht zu süß und ein wenig nach Vanille.

In einem Topf alle Zutaten vermischen und aufkochen. Rühren, bis die Kakaobutter geschmolzen ist. Die Mischung in der Küchenmaschine oder mit einem Pürierstab auf höchster Stufe zu einem glatten, sämigen Getränk verarbeiten. In ein Glas umfüllen und trinken.

NÄHRWERT PRO PORTION: 277 kcal, 2 g EW, 23 g F, 13 g KH

FÜR 1 PORTION

300 ml Nussmilch
20 g Kakaobutter
1 weiche Medjool-Dattel
1 Prise gemahlene Vanille
1 Prise Salz

TAHINI
SCHOKO
WEISSE
SCHOKO
Finest
QUALITY
FRUITS
36

GRUNDREZEPTE:

SAUCEN, AUFSTRICHE, CREMES & TOPPINGS

Genauso wie man in der Küche eine Basis an Backformen, Rührschüsseln und Kochutensilien nötig hat, braucht man einen Grundstock an Rezepten, zum Beispiel für Teige, Cremes, Glasuren und Füllungen. Mit diesem Repertoire eröffnen sich ganz neue Dimensionen beim Kochen und Backen. Man kann unzählige Varianten zusammenstellen und so neue Leckereien erschaffen. Hier sind meine liebsten Basisrezepte, die ich immer wieder verwende.

4 X MÜRBETEIG

ZUBEREITUNG 5 MIN | KÜHLZEIT MIND. 1 STD | SCHWIERIGKEIT ★ | AUFWAND ★

Glutenfreier Mürbeteig hat vor allem eine Tücke: Weil das Klebereiweiß im Mehl fehlt, reißt er leicht. Aber das ist gar nicht schlimm, denn man kann den Teig einfach mit den Fingern sanft wieder zusammenschieben. Zwei Dinge sind wichtig: Ei, Ghee und Wasser müssen sehr kalt sein und das Kneten muss schnell gehen, damit die Hände den Teig nicht zu sehr erwärmen. Ich drücke den fertigen Teig in die Backform und kühle beides gemeinsam. So spare ich mir das Ausrollen ebenso wie das Ausbessern der Risse im Teig. Wenn man Mürbeteig als Tarteboden verwendet, sollte man ihn unbedingt blind vorbacken, also mit einer Gabel einstechen und etwa 15 Minuten bei 180 °C backen. Er wird nach dem Abkühlen schön knusprig und bildet einen guten Kontrast zur cremigen Füllung. Wenn möglich, sollte man eine Tarteform mit Hebeboden verwenden. Boden oder Tarte lassen sich aus einer solchen Form viel leichter lösen und brechen nicht so leicht. So oder so sollte der gebackene Teig erst aus der Form gelöst werden, wenn er ganz abgekühlt ist.

FÜR 1 SPRINGFORM 26 CM Ø ODER 6 TARTELETTE-FÖRMCHEN

MANDEL-KOKOS-MÜRBETEIG

Dank Mandeln und Kokosmehl enthält dieser Mürbeteig wenig Kohlenhydrate. Er hält gut seine Form und passt vor allem zu saftigen Füllungen.

30 g Kokosmehl
220 g gemahlene Mandeln
1 Prise Salz
30 g Kokosblütenzucker
50 g Kokosöl, gekühlt
1 Ei, gekühlt
1 Eigelb, gekühlt
2–3 EL eiskaltes Wasser

Ein Stück Frischhaltefolie ausgebreitet auf die Arbeitsfläche legen.

Das Kokosmehl in eine Schüssel sieben und mit einem Schneebesen mit den Mandeln, dem Salz und dem Kokosblütenzucker vermischen. Das Kokosöl, das Ei, das Eigelb und etwas Eiswasser zügig mit der Mehlmischung verkneten, bis ein glatter Teig entsteht.

Den Teig auf die Frischhaltefolie setzen und zu einem Quader formen. Den Teigblock fest mit der Frischhaltefolie umwickeln und in den Kühlschrank legen. Bis zur Verwendung mindestens 1 Stunde kalt stellen. Alternativ den Teig sofort nach dem Kneten gleichmäßig in eine gefettete oder mit Backpapier ausgelegte Backform drücken und diese kalt stellen.

NÄHRWERT PRO 100 G: 327 kcal, 11 g EW, 27 g F, 9 g KH

MANDEL-MANIOK-MÜRBETEIG

Diese Mürbeteigvariante ist angenehm neutral im Geschmack und knusprig in der Konsistenz. Das macht sie so vielseitig einsetzbar.

Ein Stück Frischhaltefolie ausgebreitet auf die Arbeitsfläche legen.

Das Mandelmehl in eine Schüssel rieseln lassen. Das Maniokmehl, das Salz und nach Belieben die gemahlene Vanille dazusieben. Den Zucker dazugeben und alles mit einem Schneebesen vermischen. Das Ghee, das Ei und etwas Wasser dazugeben und zügig mit der Mehlmischung verkneten, bis ein glatter Teig entsteht.

Den Teig auf die Frischhaltefolie setzen und zu einem Quader formen. Den Teigblock fest mit der Frischhaltefolie umwickeln und in den Kühlschrank legen. Bis zur Verwendung mindestens 1 Stunde kalt stellen. Alternativ den Teig sofort nach dem Kneten gleichmäßig in eine gefettete oder mit Backpapier ausgelegte Backform drücken und diese kalt stellen.

160 g Mandelmehl
90 g Maniokmehl
1 Prise Salz
1 Prise gemahlene Vanille (nach Belieben)
20 g Kokosblütenzucker
160 g Ghee, gekühlt
1 Ei, gekühlt
bis zu 80 ml eiskaltes Wasser

NÄHRWERT PRO 100 G: 496 kcal, 38 g EW, 44 g F, 18 g KH

MANIOK-KASTANIEN-MÜRBETEIG

Eine großartige Alternative für Nussallergiker! Das Kastanienmehl gibt dem Teig einen würzigeren Geschmack und eine dunklere Farbe.

Ein Stück Frischhaltefolie ausgebreitet auf die Arbeitsfläche legen.

Das Maniokmehl, das Kastanienmehl, das Salz und nach Belieben die Vanille in eine Schüssel sieben. Den Zucker dazugeben und alles mit einem Schneebesen vermischen. Das Ghee, das Ei und etwas Eiswasser zügig mit der Mehlmischung verkneten, bis ein glatter Teig entsteht.

Den Teig auf die Frischhaltefolie setzen und zu einem Quader formen. Den Teigblock fest mit der Frischhaltefolie umwickeln und in den Kühlschrank legen. Bis zur Verwendung mindestens 1 Stunde kalt stellen. Alternativ den Teig sofort nach dem Kneten gleichmäßig in eine gefettete oder mit Backpapier ausgelegte Backform drücken und diese kalt stellen.

190 g Maniokmehl
60 g Kastanienmehl
1 Prise Salz
1 Prise gemahlene Vanille (nach Belieben)
15 g Kokosblütenzucker
160 g kaltes Ghee
1 Ei, gekühlt
bis zu 80 ml eiskaltes Wasser

NÄHRWERT PRO 100 G: 427 kcal, 2 g EW, 29 g F, 38 g KH

ERDMANDELMÜRBETEIG

Dieser Teig ähnelt in Konsistenz und Geschmack den Mürbeteigen mit Mandelmehl, eignet sich aber auch für Nussallergiker.

- 160 g Erdmandelmehl
- 70 g Maniokmehl
- 20 g Tapiokastärke
- 1 Prise Salz
- 1 Prise gemahlene Vanille (nach Belieben)
- 30 g Kokosblütenzucker
- 160 g kaltes Ghee
- 1 Ei, gekühlt
- bis zu 80 ml eiskaltes Wasser

Ein Stück Frischhaltefolie ausgebreitet auf die Arbeitsfläche legen.

Das Erdmandelmehl in eine Schüssel rieseln lassen. Das Maniokmehl, die Tapiokastärke, das Salz und nach Belieben die Vanille dazusieben. Den Zucker hinzufügen und alles mit einem Schneebesen vermischen. Das Ghee, das Ei und etwas Eiswasser zügig mit der Mehlmischung verkneten, bis ein glatter Teig entsteht.

Den Teig auf die Frischhaltefolie setzen und zu einem Quader formen. Den Teigblock fest mit der Frischhaltefolie umwickeln und in den Kühlschrank legen. Bis zur Verwendung mindestens 1 Stunde kalt stellen. Alternativ den Teig sofort nach dem Kneten gleichmäßig in eine gefettete oder mit Backpapier ausgelegte Backform drücken und diese kalt stellen.

NÄHRWERT PRO 100 G: 465 kcal, 3 g EW, 36 g F, 30 g KH

WEITERE MÜRBETEIGIDEEN

SCHOKOMÜRBETEIG: 20 g der Mehlmenge durch Kakao ersetzen.

HASELNUSSMÜRBETEIG: Mindestens 50 g Mandeln oder Erdmandeln durch gemahlene Haselnüsse ersetzen.

KOKOSMÜRBETEIG: Mindestens 50 g Mandeln, Erdmandeln oder Mehl durch Kokosraspel ersetzen.

PISTAZIENMÜRBETEIG: 50 g Mandeln, Erdmandeln oder Mehl durch gemahlene Pistazien ersetzen.

TIPP: Die Zugabe von Aromen wie 1 TL fein abgeriebene Schale von unbehandelten Zitrusfrüchten oder Gewürzen wie Zimt, Lebkuchengewürz, Tonkabohne … eröffnet weitere Variationsmöglichkeiten.

2 X PALEO-SAHNE

Sahne ist eines der ganz wenigen Lebensmittel, die ich etwas vermisse. Besonders auf Eis mag ich sie einfach gern. Gut, dass es diese Alternativen gibt, die – natürlich – anders schmecken als echte Sahne. Aber egal, ob man sie als Ersatz oder etwas Eigenständiges betrachtet: Sie sind lecker, cremig und krönen jedes Dessert.

CASHEWSAHNE

ZUBEREITUNG 5 MIN | EINWEICHEN 8 STD | SCHWIERIGKEIT ★ | AUFWAND ★★

Angenehm mild im Geschmack und cremig in der Konsistenz: mein Favorit!

Die Cashewkerne mindestens 8 Stunden in kaltem Wasser einweichen. Anschließend abspülen, bis das Wasser klar ist, und gut abtropfen lassen.

Die Cashewkerne, 100 ml Nussmilch oder Wasser, die Vanille, den Honig und das Salz in einen Mixer geben und alles auf höchster Stufe ganz glatt und luftig schlagen. Mehr Wasser zugeben, bis die gewünschte fluffige Konsistenz erreicht ist. Mit dem Pürierstab geht das auch, dann wird die Sahne etwas weniger luftig und weniger glatt.

Die Cashewsahne hält sich gekühlt und luftdicht verpackt 2 Tage frisch.

FÜR 250 ML

150 g Cashewkerne
etwa 120 ml Nussmilch oder Wasser
1 Prise gemahlene Vanille
2 EL (40 g) Honig (nach Belieben)
1 Prise Salz

NÄHRWERT PRO 100 ML MIT NUSSMILCH:
409 kcal, 13 g EW, 26 g F, 30 g KH

KOKOSSAHNE

ZUBEREITUNG 5 MIN | KÜHLZEIT 8 STD | SCHWIERIGKEIT ★ | AUFWAND ★★

Von Natur aus süß, mit deutlicher Kokosnote, ideal auch für Nussallergiker!

Die Kokosmilch in der Dose mindestens 8 Stunden in den Kühlschrank stellen. Anschließend die Dose öffnen, das Wasser abgießen und die feste Schicht Kokoscreme mit einem Löffel herauskratzen. In ein Rührgefäß füllen.

Die Kokoscreme mit dem Honig und der Vanille mit dem Handrührgerät wie Sahne aufschlagen. Das dauert einige Minuten!

Die Sahne sofort verwenden. Achtung: Wenn sie mit heißen oder warmen Speisen in Berührung kommt, schmilzt sie.

FÜR 250 ML

1 Dose Kokosmilch ohne Zusatzstoffe (mindestens 60 % Kokosextrakt)
1 Prise gemahlene Vanille
2 EL (40 g) Honig (nach Geschmack)

NÄHRWERT PRO 100 ML:
223 kcal, 1 g EW, 17 g F, 16 g KH

NUSSMILCH

ZUBEREITUNG 10 MIN | EINWEICHEN 8 STD | SCHWIERIGKEIT ★ | AUFWAND ★★

Haselnuss, Macadamia, Mandel ... im Supermarkt wächst die Zahl der erhältlichen Nussdrinksorten stetig. Da ist es verlockend, einfach ins Regal zu greifen. Doch die Zutatenliste auf den Verpackungen überzeugt mich jedes Mal wieder davon, meine eigene Milch zu machen.

FÜR 600–1000 ML

100 g Nüsse (siehe Tipp)
800–1000 ml Wasser (am besten gefiltertes Leitungswasser)

Die Nüsse mindestens 8 Stunden in kaltem Wasser einweichen. Anschließend abspülen, bis das Wasser klar ist, und gut abtropfen lassen.

Die eingeweichten Nüsse im Mixer oder mit dem Pürierstab mit 200 ml kaltem Wasser auf höchster Stufe 2 Minuten mixen. Je nach gewünschter Sämigkeit der Milch 600–800 ml Wasser dazugeben und die Mischung weitere 2 Minuten mixen.

Einen Nussmilchbeutel über eine Schüssel hängen und die Milch hineingießen. So viel Flüssigkeit wie möglich herausdrücken.

TIPPS: In meinen Rezepten verwende ich Nussmilch in einem Mischverhältnis von 1:6, auf 100 g Nüsse kommen also 600 ml Wasser.

Wohin mit dem Nusstrester? Der lässt sich köstlich bei der Zubereitung von Kirsch-*clafoutis* (siehe Seite 89) verwerten.

Zur Herstellung von pflanzlicher Milch eignen sich vor allem Mandeln, Haselnüsse, Paranüsse, Macadamianüsse, Cashewkerne, Pecannüsse, Walnüsse oder ein Mix aus mehreren Sorten. Für Nussallergiker empfehlen sich Kokosraspel, Sonnenblumenkerne, Kürbiskerne, Hanfsamen, Erdmandeln und Pistazien.

Wenn es schnell gehen soll, ist Cashewmilch die richtige Wahl. Cashewkerne lassen sich so fein mixen, dass man die Milch nicht durch den Nussmilchbeutel abzuseihen braucht.

NÄHRWERT PRO 100 ML: 13 kcal, 0 g EW, 1 g F, 0 g KH

JOGHURT AUS NUSSMILCH

ZUBEREITUNG 10 MIN | FERMENTIEREN 12 STD | SCHWIERIGKEIT ★ | AUFWAND ★★

*Nie wieder Joghurt? Von wegen! Mit einem Mix aus Nuss- und Kokosmilch, Joghurtkulturen und Gelatine gelingt ein Joghurt mit sämiger Konsistenz und mildem Geschmack. Den esse ich mit etwas Obst zum Frühstück, aber auch bei feineren Anlässen macht er eine gute Figur zu Schokokuchen oder Frucht-*cobbler*.*

Die Gelatine zusammen mit 1 EL Nussmilch in einen Topf geben und 5 Minuten quellen lassen. Die restliche Nussmilch und die Kokosmilch dazugießen und alles aufkochen. So lange rühren, bis sich die Gelatine vollständig aufgelöst hat.

Die Milch lauwarm abkühlen lassen. Das Joghurtferment, den Honig und das Salz einrühren und die Mischung in den Joghurtbereiter geben. 12 Stunden fermentieren lassen. Der fertige Joghurt hat die Konsistenz von Pannacotta. Wenn man ihn kräftig aufschlägt, ähnelt er griechischem Joghurt.

NÄHRWERT PRO 100 ML: 120 kcal, 0 g EW, 12 g F, 0 g KH

FÜR 1 L

4 g gemahlene Gelatine
500 ml Nussmilch (siehe Seite 190, ich mag am liebsten Cashew- oder Mandelmilch)
500 ml Kokosmilch
1 Tütchen Joghurtferment
1 ½ TL (15 g) Honig
1 Prise Salz

KROKANT

ZUBEREITUNG 30 MIN | SCHWIERIGKEIT ★ | AUFWAND ★

Karamell mit einer Prise Fleur de Sel – eine unwiderstehliche Kombi! Gepaart mit Haselnuss- oder Mandelblättchen, Kokoschips oder Walnüssen wird daraus ein knuspriges, aromatisches Topping, das gerade cremigen Desserts einen spannenden Kontrast entgegensetzt.

Ein Backblech mit Backpapier belegen. In einer Pfanne die Nüsse ohne Fett goldbraun anrösten, bis sie leicht duften. Auf einem Teller beiseitestellen.

Den Kokosblütenzucker, den Honig und 20 ml Wasser in die Pfanne geben und alles unter Rühren schmelzen lassen. Das Ghee zugeben und alles zu einer homogenen Masse verrühren. Sobald die Mischung leicht köchelt, die gerösteten Nüsse unterrühren. Eine gute Prise Fleur de Sel untermischen, dann die Masse auf dem Backblech verteilen und glatt streichen. Vollständig abkühlen lassen und dann nach Belieben zerkleinern.

Am besten am selben Tag verbrauchen. Bleibt der Krokant an der Luft, zieht er Feuchtigkeit und wird weich.

NÄHRWERT PRO 100 G MANDELKROKANT:
503 kcal, 12 g EW, 36 g F, 26 g KH

NÄHRWERT PRO 100 G HASELNUSSKROKANT:
509 kcal, 8 g EW, 40 g F, 29 g KH

NÄHRWERT PRO 100 G KOKOSKROKANT:
502 kcal, 4 g EW, 40 g F, 27 g KH

FÜR ETWA 150 G

100 g Mandelblättchen, Haselnussblättchen, Kokoschips oder Ähnliches nach Geschmack
20 g Kokosblütenzucker
3 TL (30 g) Honig
10 g Ghee
1 Prise Fleur de Sel

VANILLESAUCE
KARAMELLSAUCE OHNE KOCHEN
HIMBEER-COULIS
KLASSISCHE KARAMELLSAUCE
SCHOKOLADENSIRUP

SAUCEN

Sie machen aus jedem Dessert etwas ganz Besonderes: cremige, sahnige oder fruchtige Dessertsaucen. Egal ob kalt gerührt oder heiß gekocht, es lohnt sich, die Extra-Arbeit auf sich zu nehmen und zehn Minuten länger in der Küche zu stehen. Das Ergebnis ist es auf jeden Fall wert. Denn fast jedes Dessert gewinnt durch ein Löffelchen Karamell- oder Schokosauce. Außerdem können Sie den Charakter eines Desserts so maßgeblich verändern: Ein Vanilleeis bekommt einen ganz anderen Akzent, je nachdem, ob Sie es mit süß-salziger Karamellsoße oder fruchtig-säuerlichem Himbeer-Coulis veredeln. Es gibt etliche Möglichkeiten – Sie haben die Wahl!

SCHOKOLADENSIRUP

ZUBEREITUNG 30 MIN | SCHWIERIGKEIT ★ | AUFWAND ★

Die Schokosauce für jede Gelegenheit: Sie passt zu Obstsalaten ebenso wie zu Cremedesserts, Kuchen und Waffeln. Und mit Gewürzen und Aromen lässt sie sich im Handumdrehen verwandeln.

FÜR 370 ML

150 ml Ahornsirup
60 g Kakao
1 Prise Zimt
1 Prise Salz

Den Ahornsirup, den Kakao, den Zimt und das Salz in einem Topf verrühren. 180 ml Wasser dazugeben, alles zu einer klümpchenfreien Masse verrühren und bei mittlerer Temperatur erhitzen. Unter ständigem Rühren aufkochen, dann vom Herd nehmen.

Die Sauce warm oder kalt servieren. Sie bleibt in einem luftdicht schließenden Behälter 1 Monat lang frisch.

TIPPS: Eine köstlich kokosnussige Variante entsteht, wenn man das Wasser teilweise oder ganz durch Kokosmilch ersetzt. Die Haltbarkeit reduziert sich dann auf 5 Tage.

Auch die Verwendung von Espressopulver, Vanille, Tonkabohne oder Orangenschale anstelle des Zimts zaubert wunderbare Geschmacksvariationen hervor.

NÄHRWERT PRO 100 ML: 174 kcal, 4 g EW, 3 g F, 30 g KH

VANILLESAUCE

ZUBEREITUNG 30 MIN | SCHWIERIGKEIT ★ | AUFWAND ★

Eine schöne, klassische Vanillesauce kann aus einem guten Dessert ein großartiges Dessert machen. Und es ist so einfach, sie zu zaubern ... (Abbildung Seite 194)

Die Vanilleschote der Länge nach aufschlitzen und das Mark herauskratzen. Beides zusammen mit der Nuss- und der Kokosmilch aufkochen. Die Mischung vom Herd nehmen und 15 Minuten ziehen lassen. Die Schote entfernen.

Den Honig, das Eigelb und das Salz verrühren. Unter ständigem Rühren die heiße Milch dazugießen und alles gründlich verquirlen.

Die Sauce zurück in den Topf gießen und langsam erhitzen, bis sie leicht andickt. Warm oder kalt servieren.

FÜR ETWA 400 ML

1 Vanilleschote
250 ml Nussmilch
100 ml Kokosmilch
50 g heller Honig
3 Eigelb
1 Prise Salz

NÄHRWERT PRO 100 ML: 161 kcal, 4 g EW, 12 g F, 10 g KH

KLASSISCHE KARAMELLSAUCE

ZUBEREITUNG 10 MIN | SCHWIERIGKEIT ★ | AUFWAND ★

Ob zu Crêpes, Waffeln, Schokokuchen, Eis, Cremespeisen oder als Dip für Früchte: Diese Karamellsauce ist unglaublich vielseitig und intensiv im Geschmack. Die Konsistenz bestimmen Sie selbst, indem Sie mehr oder weniger Nussmilch einarbeiten. (Abbildung Seite 194)

Den Kokosblütenzucker und den Honig in einem Topf bei mittlerer Temperatur karamellisieren lassen.

Das Ghee dazugeben, schmelzen lassen und rühren, bis sich alles verbunden hat. Dann unter ständigem Rühren in kleinen Portionen die Kokos- oder Nussmilch zugießen, bis die Sauce die gewünschte Konsistenz erreicht hat. Genießen oder weiterverarbeiten.

TIPP: Ich koche diese reichhaltige Sauce gern in kleinen Mengen, damit möglichst wenig übrig bleibt.

FÜR ETWA 100 ML

35 g Kokosblütenzucker
1 ½ TL (15 g) Honig
25 g Ghee
bis zu 50 ml Kokos- oder Nussmilch (ich verwende am liebsten Mandelmilch)

NÄHRWERT PRO 100 ML: 506 kcal, 1 g EW, 33 g F, 55 g KH

KARAMELLSAUCE OHNE KOCHEN

ZUBEREITUNG 10 MIN | SCHWIERIGKEIT ★ | AUFWAND ★

Diese Karamellsauce ist eigentlich eher ein Dip. Sie schmeckt hervorragend zu frischem Obst, aber auch auf Crêpes oder Waffeln. Hier muss nichts gekocht werden – der Mixer erledigt die Arbeit. So bleiben auch die Vitalstoffe erhalten. (Abbildung Seite 196)

Alle Zutaten bis auf den Zitronensaft mit dem Pürierstab oder in der Küchenmaschine zu einer glatten Creme verarbeiten. Die Creme mit Salz und frischem Zitronensaft abschmecken. Falls die Sauce zu fest ist, esslöffelweise Mandelmilch unterrühren, bis die gewünschte Konsistenz erreicht ist.

Reste halten sich in einem luftdicht schließenden Behälter im Kühlschrank 2–3 Tage.

NÄHRWERT PRO 100 ML MIT KOKOSMILCH:
150 kcal, 2 g EW, 15 g F, 1 g KH

FÜR ETWA 240 ML

150 g (ca. 7 Stück) weiche Medjool-Datteln ohne Stein
60 ml Kokos-, Nuss- oder Erdmandelmilch
15 g Mandelmus
15 g geschmolzenes Ghee
1 Prise Fleur de Sel
1 Prise gemahlene Vanille
1 Prise Zimt (nach Belieben)
Salz
Saft von ½ Zitrone

HIMBEER-COULIS

ZUBEREITUNG 15 MIN | KÜHLZEIT MIND. 1 STD | SCHWIERIGKEIT ★ | AUFWAND ★★

Erst die Arbeit, dann das umso größere Vergnügen: Himbeer-Coulis herzustellen erfordert etwas Geduld und sogar etwas Muskelkraft, aber das Ergebnis ist der Mühe wert. Diese Sauce schindet immer wieder Eindruck und gibt jedem Dessert das gewisse Etwas. (Abbildung Seite 194)

Die Himbeeren in ein feinmaschiges Sieb geben. Dieses über eine Schüssel hängen und die Früchte im Kühlschrank auftauen lassen.

Die aufgetauten Himbeeren mit einem Löffel durch das Sieb streichen, bis nur noch die Kerne im Sieb verbleiben. Das kann gut 10 Minuten dauern.

Das Himbeermark mit der Vanille, dem Ahornsirup, dem Orangensaft und nach Belieben dem Likör abschmecken und alles kräftig verrühren. Gut gekühlt servieren.

NÄHRWERT PRO 100 ML: 67 kcal, 2 g EW, 1 g F, 9 g KH

FÜR ETWA 200 ML

250 g Himbeeren (TK)
gemahlene Vanille
Ahornsirup (nach Geschmack)
Saft von ½ Orange

»KOKO-
TELLA«
ANANAS-
CREME
SCHOKO-
NUSS-CREME
CRANBERRY-
CREME

MAGO-
CREME
MARONEN-
CREME
CLEMENTINEN-
CREME
KIRSCH-
CREME
»CASHEW-
TELLA«

SCHOKO-NUSS-CREME

ZUBEREITUNG 10 MIN | SCHWIERIGKEIT ★ | AUFWAND ★

Dieser Schokoaufstrich ist mein liebster! Das liegt an der Kakaobutter, die hier eine unwiderstehliche Geschmacksnote ins Glas zaubert. (Abbildung Seite 198)

Den Ahornsirup, das Ghee, die Kakaobutter, die Datteln, das Salz und die Vanille mit dem Pürierstab zu einer feinen Masse verarbeiten. Mit dem Kakao und dem Haselnussmus zu einer glatten, homogenen Creme verrühren. Alternativ alle Zutaten in eine Küchenmaschine geben und zu einer glatten Creme verarbeiten.

Die Creme in ein heiß ausgespültes Schraubglas füllen und im Kühlschrank aufbewahren. Vor Gebrauch zimmerwarm werden lassen.

NÄHRWERT PRO 100 ML: 641 kcal, 11 g EW, 52 g F, 26 g KH

FÜR 1 SCHRAUBGLAS (375 ML)

15 g Ahornsirup
30 g geschmolzenes Ghee
30 g geschmolzene Kakaobutter
4 weiche Medjool-Datteln
1 Prise Salz
1 Prise gemahlene Vanille
20 g Kakao
200 g Haselnussmus (möglichst geröstet)

»CASHEWTELLA«

ZUBEREITUNG 10 MIN | SCHWIERIGKEIT ★ | AUFWAND ★

Cashewmus gibt dieser Schokocreme eine herrlich samtige Textur. Ich mag besonders die zarte Butternote, die ihr das Ghee verleiht. Wer die nicht so gern mag, kann das Ghee durch Kokosöl oder – sehr exquisit – geröstetes Macadamiaöl ersetzen. (Abbildung Seite 198)

Den Ahornsirup, das Ghee, das Kokosöl, die Datteln, das Salz, die Vanille und den Zimt mit dem Pürierstab zu einer glatten Masse verarbeiten. Mit dem Kakao und dem Cashewmus zu einer glatten, homogenen Creme verrühren. Alternativ alle Zutaten in eine Küchenmaschine geben und zu einer glatten Creme verarbeiten.

Die Creme in ein heiß ausgespültes Schraubglas (375 ml) füllen und im Kühlschrank aufbewahren. Vor Gebrauch zimmerwarm werden lassen, sodass sie streichfähig ist.

NÄHRWERT PRO 100 ML: 490 kcal, 15 g EW, 32 g F, 33 g KH

FÜR 1 SCHRAUBGLAS (375 ML)

15 g Ahornsirup
20 g geschmolzenes Ghee
30 g geschmolzenes Kokosöl
3 weiche Medjool-Datteln
Salz
gemahlene Vanille
1/4 TL Zimt
20 g Kakao
200 g Cashewmus

»KOKOTELLA«

ZUBEREITUNG 10 MIN | KÜHLZEIT 25 MIN | SCHWIERIGKEIT ★ | AUFWAND ★

Mein Mann mag keine Kokosnuss. Und doch habe ich sein Gesicht selten so verzückt gesehen, wie beim ersten Löffel »Kokotella«. Er brauchte gar nichts zu sagen – ich wusste, die Mischung stimmt. Sie schmeckt auf Crêpes, Apfelscheiben, Banane, im Joghurt, am besten aber pur direkt aus dem Glas gelöffelt. *(Abbildung Seite 189)*

In einer Pfanne ohne Fett die Kokosflocken bei mittlerer Temperatur goldbraun rösten. Auf einem Teller vollständig abkühlen lassen.

Den Ahornsirup, das Ghee, das Kokosöl, die Datteln, das Salz und die Vanille mit dem Pürierstab zu einer feinen Masse verarbeiten. Mit dem Kakao und dem Haselnussmus zu einer glatten, homogenen Creme verrühren. Alternativ alle Zutaten in eine Küchenmaschine geben und zu einer glatten Creme verarbeiten.

Die Creme in ein heiß ausgespültes Schraubglas (375 ml) füllen und im Kühlschrank aufbewahren. Vor Gebrauch zimmerwarm werden lassen.

TIPP: Wenn die Creme am Tag der Herstellung gegessen wird, empfehle ich, die Kokosflocken im Ganzen unter die Creme zu rühren. Die knusprigen Flocken und die Creme bilden einen sehr angenehmen Kontrast. Nach einem Tag verlieren die Kokosflocken ihre Knusprigkeit und bekommen eine weiche, etwas pappige Konsistenz. Soll die Creme also länger lagern, empfehle ich, die gerösteten Kokosflocken zu mahlen, bevor sie in die Schokocreme gerührt werden.

NÄHRWERT PRO 100 ML: 570 kcal, 11 g EW, 46 g F, 25 g KH

FÜR 1 SCHRAUBGLAS (375 ML)

40 g Kokosflocken
50 g Ahornsirup
25 g geschmolzenes Ghee
30 g geschmolzenes Kokosöl
2 weiche Medjool-Datteln
Salz
gemahlene Vanille
20 g Kakao
180 g geröstetes Haselnussmus

MARONENCREME

ZUBEREITUNG 30 MIN | SCHWIERIGKEIT ★ | AUFWAND ★

»Crème de marrons« ist in Frankreich ein ganz klassischer Aufstrich, der als Füllung für Kuchen, Biskuitrollen oder Crêpes verwendet wird. Mittlerweile steht sie auch bei uns in den Regalen gut sortierter Supermärkte, wenn auch oft aus nicht unbedingt empfehlenswerten Zutaten. Also doch selbst kochen! Das Ergebnis schmeckt besser als jede gekaufte. (Abbildung Seite 198)

FÜR 3 SCHRAUBGLÄSER (JE 250 ML)

500 g vakuumverpackte vorgegarte Maronen
1 Vanilleschote
100 g Honig
100 g Kokosblütenzucker
1 Prise Fleur de Sel

Die Maronen in einem Topf mit einem Kartoffelstampfer grob zerdrücken. Die Vanilleschote der Länge nach aufschneiden und das Mark herauskratzen. Schote und Mark zu den Maronen geben.

125 ml Wasser angießen und alles etwa 15 Minuten bei sanfter Hitze köcheln, bis die Maronen ganz weich sind. Den Honig und den Zucker dazugeben und rühren, bis sich beides aufgelöst hat. Die Masse unter ständigem Rühren weitere 5 Minuten köcheln lassen.

Die Masse in einen Mixer umfüllen und zu einer glatten Creme verarbeiten. Alternativ einen Pürierstab verwenden. Bei Bedarf esslöffelweise kochendes Wasser einrühren, bis die gewünschte Konsistenz erreicht ist. Die Creme mit Fleur de Sel abschmecken und in heiß ausgespülte Schraubgläser füllen.

TIPP: Eine Prise Tonkabohne anstelle der Vanille verleiht der Maronencreme einen überraschenden Kick.

NÄHRWERT PRO 100 ML: 230 kcal, 2 g EW, 2 g F, 50 g KH

5 X FRUCHTCREME »CURD«

Eine Mischung aus Frucht, Eigelb und Zucker, die sich bei sanfter Hitze in eine samtige Creme verwandelt: In Großbritannien und den USA gehören »curds« zu den beliebtesten Aufstrichen. Der Klassiker ist die »lemon curd«, aber auch mit vielen anderen säurehaltigen, saftigen Früchten lässt sich die Creme herstellen. Weil die Fruchtcremes sehr vielseitig sind, habe ich fast immer ein Glas im Kühlschrank stehen. Ich verwende sie als Füllung für Torten und Cupcakes, als Aufstrich für Crêpes, Rosinenschnecken und Brötchen und mische sie mit Cremes, Eis oder Joghurt. Beim Kochen verwende ich sehr wenig Zucker, je nach Grundsüße der Früchte. Wenn Sie es süßer mögen, können Sie die fertige Creme nach dem Kochen mit dem Süßungsmittel Ihrer Wahl abschmecken. Falls dadurch die Creme zu flüssig wird, mit einer Messerspitze Johannisbrotkernmehl abbinden. Die Zubereitung im Wasserbad ist einfacher, als es scheint, und das Ergebnis ist das zwanzigminütige Rühren auf jeden Fall wert! (Abbildung Seite 198)

TIPP: Auch im Thermomix lassen sich diese Fruchtcremes hervorragend zubereiten. Dazu alle Zutaten in den Mixtopf geben und auf Stufe 10 glatt pürieren. Dann die Masse von den Topfwänden nach unten schieben und bei 90 °C 20 Minuten auf Stufe 2 kochen. Anschließend den Messbecher aufsetzen und die Creme 25 Sekunden auf Stufe 6 verrühren.

MANGOCREME

ZUBEREITUNG 30 MIN | SCHWIERIGKEIT ★ | AUFWAND ★

Das Mangofruchtfleisch im Mixer oder mit dem Pürierstab fein pürieren. Zusammen mit den restlichen Zutaten in einen Topf geben und im Wasserbad unter Rühren erhitzen, bis die Masse cremig ist. Das dauert etwa 20 Minuten.

Bei Bedarf mit Süßungsmittel und Salz abschmecken, dann in ein heiß ausgespültes Schraubglas füllen. Hält sich im Kühlschrank bis zu 5 Tage.

NÄHRWERT PRO 100 G: 258 kcal, 3 g EW, 22 g F, 12 g KH

FÜR ETWA 250 G

160 g Mangofruchtfleisch
15 ml frisch gepresster Orangensaft
10 ml Zitronensaft
abgeriebene Schale von
½ unbehandelten Zitrone
1 Prise gemahlene Vanille
2 Eigelb
40 g Ghee
10 g Ahornsirup
1 Prise Salz

KIRSCHCREME

ZUBEREITUNG 30 MIN | SCHWIERIGKEIT ★ | AUFWAND ★

Tiefgekühlte Kirschen auftauen lassen, dabei den Saft auffangen.

Die Kirschen im Mixer oder mit dem Pürierstab fein pürieren. Zusammen mit den restlichen Zutaten in einen Topf geben und im Wasserbad unter Rühren erhitzen, bis die Masse cremig ist. Das dauert etwa 20 Minuten.

Bei Bedarf mit Süßungsmittel und Salz abschmecken, dann in ein heiß ausgespültes Schraubglas füllen. Hält sich im Kühlschrank bis zu 5 Tage.

NÄHRWERT PRO 100 G: 228 kcal, 17 g EW, 2 g F, 17 g KH

FÜR ETWA 400 G

250 g Sauerkirschen ohne Stein (frisch oder TK)
15 ml Zitronensaft
abgeriebene Schale von ½ unbehandelten Zitrone
1 Prise gemahlene Vanille
2 Eigelb
50 g Ghee
45 g Kokosblütenzucker
1 Prise Salz

ANANASCREME

ZUBEREITUNG 30 MIN | SCHWIERIGKEIT ★ | AUFWAND ★

Das Ananasfruchtfleisch im Mixer oder mit dem Pürierstab fein pürieren. Zusammen mit den restlichen Zutaten in einen Topf geben und im Wasserbad unter Rühren erhitzen, bis die Masse cremig ist. Das dauert etwa 20 Minuten.

Bei Bedarf mit Süßungsmittel und Salz abschmecken, dann in ein heiß ausgespültes Schraubglas füllen. Hält sich im Kühlschrank bis zu 5 Tage.

NÄHRWERT PRO 100 G: 222 kcal, 3 g EW, 17 g F, 13 g KH

FÜR ETWA 320 G

250 g frisches Ananasfruchtfleisch
10 ml Zitronensaft
1 Prise gemahlene Vanille
2 Eigelb
40 g Ghee
1 ½ TL (15 g) Honig
1 Prise Salz
1 TL Johannisbrotkernmehl

CRANBERRYCREME

ZUBEREITUNG 30 MIN | SCHWIERIGKEIT ★ | AUFWAND ★

Die Cranberrys zusammen mit Orangenschale und -saft sowie dem Zitronensaft im Mixer oder mit dem Pürierstab fein pürieren. Zusammen mit den restlichen Zutaten in einen Topf geben und im Wasserbad unter Rühren erhitzen, bis die Masse cremig ist. Das dauert etwa 20 Minuten.

Bei Bedarf mit Süßungsmittel und Salz abschmecken, dann in ein heiß ausgespültes Schraubglas füllen. Hält sich im Kühlschrank bis zu 5 Tage.

NÄHRWERT PRO 100 G: 100 kcal, 2 g EW, 12 g F, 12 g KH

FÜR ETWA 450 G

250 g frische Cranberrys
abgeriebene Schale von
1 unbehandelten Orange
60 ml Orangensaft
10 ml Zitronensaft
2 Eigelb
40 g Ghee
50 g Honig
1 Prise Salz
1 TL Johannisbrotkernmehl

CLEMENTINENCREME

ZUBEREITUNG 30 MIN | SCHWIERIGKEIT ★ | AUFWAND ★

Den Clementinensaft und -abrieb zusammen mit allen anderen Zutaten in einen Topf geben und im Wasserbad unter Rühren erhitzen, bis die Masse cremig ist. Das dauert etwa 20 Minuten.

Bei Bedarf mit Süßungsmittel und Salz abschmecken, dann in ein heiß ausgespültes Schraubglas füllen. Hält sich im Kühlschrank bis zu 5 Tage.

VARIATIONEN: Ersetzen Sie den Clementinensaft durch Zitronen-, Grapefruit-, Orangen- oder Limettensaft.

NÄHRWERT PRO 100 G: 256 kcal, 4 g EW, 22 g F, 11 g KH

FÜR ETWA 350 G

130 ml Clementinensaft
(ca. 4–5 Früchte)
abgeriebene Schale von
2 unbehandelten Clementinen
abgeriebene Schale und Saft von
1 unbehandelten Zitrone
3 Eigelb
1 Ei
70 g Ghee
50 g Honig
1 Prise Salz

AVOCADO-SCHOKOCREME

ZUBEREITUNG 10 MIN | SCHWIERIGKEIT ★ | AUFWAND ★

Avocado ist die Geheimzutat in diesem herrlich cremigen Schokodessert. Diese Creme schmeckt großartig pur zum Nachtisch, lässt sich aber auch sehr vielseitig einsetzen, zum Beispiel als Füllung für Windbeutel (siehe Seite 96) und Plätzchen oder als Topping für Schokokuchen und Cupcakes (siehe Seite 95).

Alle Zutaten bis auf den Kakao und den Zimt im Mixer oder mit dem Pürierstab fein pürieren.

Den Kakao und den Zimt klümpchenfrei unterrühren. Sofort pur genießen oder weiterverarbeiten.

TIPP: Ersetzen Sie die Hälfte der Avocados durch reife Banane.

NÄHRWERT PRO 100 G: 330 kcal, 8 g EW, 24 g F, 18 g KH

FÜR 1 PORTION

80 g Avocadofruchtfleisch
10 g Ahornsirup
10 g geschmolzenes Kokosöl
1 weiche Medjool-Dattel
Salz
gemahlene Vanille
15 g Kakao
¼ TL Zimt

VANILLECREME FÜR CUPCAKES

ZUBEREITUNG 5 MIN | SCHWIERIGKEIT ★ | AUFWAND ★

Wer hübsch dekorierte Cupcakes mag, wird mit dieser Creme glücklich: Sie hält sich gut und lässt sich super mit einem Spritzbeutel auftragen.

Das Kokosöl im Wasserbad schmelzen. Das Kokosfett, den Honig und das Vanillemark cremig aufschlagen. Die Tapiokastärke, die Pfeilwurzelstärke, das Kokosmehl und das Salz zu der Honigmasse sieben und alles zu einer glatten Creme verschlagen. Das flüssige Kokosöl unter ständigem Schlagen in die Creme einfließen lassen.

Vor der Verwendung in einem Spritzbeutel die Creme im Kühlschrank 30 Minuten fest werden lassen.

TIPP: 1 TL Rote-Bete-Pulver oder gemahlene gefriergetrocknete Erdbeeren in der Mehlmischung färbt die Creme zartrosa.

NÄHRWERT PRO 100 G: 682 kcal, 1 g EW, 58 g F, 38 g KH

FÜR 12 CUPCAKES

30 g Kokosöl
200 g Kokosfett (desodoriertes Kokosöl)
150 g Honig
Mark von 1 Vanilleschote
20 g Tapiokastärke
20 g Pfeilwurzelstärke
15 g Kokosmehl
1 Prise Salz

CASHEW-ZITRONEN-CREME

ZUBEREITUNG 15 MIN | EINWEICHEN 8 STD | KÜHLZEIT 8 STD | SCHWIERIGKEIT ★ | AUFWAND ★★★

Wenn es etwas hübscher und festlicher zugehen soll, verziere ich Kuchen und Cupcakes gern mit dieser Creme. Durch den Zitronensaft erinnert sie geschmacklich etwas an Frischkäse.

FÜR 12 CUPCAKES

450 g Cashewkerne
50 g geschmolzenes Kokosöl
50 g geschmolzenes Ghee
120 g Honig
90 ml Mandelmilch
60 ml Zitronensaft
1 Prise Salz
1 Prise gemahlene Vanille

Die Cashewkerne etwa 8 Stunden in kaltem Wasser einweichen. Anschließend abgießen und abspülen, bis das Wasser klar bleibt.

Die Cashewkerne zusammen mit dem Kokosöl, dem Ghee, dem Honig, der Mandelmilch, dem Zitronensaft, dem Salz und dem Vanillepulver im Mixer oder mit dem Pürierstab 5 Minuten zu einer glatten Masse verarbeiten. Mit dem Pürierstab wird die Creme nicht so glatt, schmeckt aber genauso gut.

Die Creme im Kühlschrank mindestens 8 Stunden, am besten jedoch über Nacht fest werden lassen. Die Creme in einen Spritzbeutel füllen und dekorativ auf Cupcakes, Kuchen oder Tartes spritzen oder Kuchen damit bestreichen.

NÄHRWERT PRO 100 G: 479 kcal, 12 g EW, 35 g F, 28 g KH

DEKORATIVE KOKOSGLASUR

ZUBEREITUNG 5 MIN | SCHWIERIGKEIT ★ | AUFWAND ★

Schnell gemacht und ideal für Nussallergiker: eine köstliche Glasur für Mini-Donuts oder Rührkuchen.

Die Kokoscreme im warmen Wasserbad schmelzen. Dann mit dem Ahornsirup, dem Saft, dem Salz und der Vanille verquirlen. Falls der Guss zu fest erscheint, mit Kokosmilch verdünnen.

Dekorativ über den Kuchen laufen lassen.

NÄHRWERT PRO 100 G: 397 kcal, 3 g EW, 34 g F, 16 g KH

ZUM DEKORIEREN VON 1 KUCHEN

90 g Kokoscreme (Creamed Coconut)
30 g Ahornsirup
30 ml Zitronen- oder Orangensaft
1 Prise Salz
1 Prise gemahlene Vanille
15–20 ml Kokosmilch (nach Bedarf)

BAISERCREME

ZUBEREITUNG 10 MIN | SCHWIERIGKEIT ★ | AUFWAND ★

Wann immer ich eine Torte oder einen Kuchen festlich verpacken möchte, bereite ich diese fluffige, schneeweiße Creme zu. Sie eignet sich auch als Verzierung für Cupcakes oder als Sahneersatz auf Eis oder Pudding. Ich mag sie gern etwas weicher, wenn man den Honiganteil erhöht, wird sie ganz fest.

In einem Topf den Honig bei niedriger Temperatur zum Kochen bringen.

In der Zwischenzeit das Eiweiß zusammen mit einer Prise Salz aufschlagen. Den Zitronensaft und die Vanille unterrühren.

Den heißen Honig in einem feinen Strahl langsam unter Rühren in den Eischnee einfließen lassen. Weiterschlagen, bis sich Honig und Eiweiß gut vermischt haben und die Creme fluffig ist.

NÄHRWERT PRO 100 G: 235 kcal, 8 g EW, 0 g F, 51 g KH

ZUM DEKORIEREN VON 1 TORTE 26 CM Ø

80 g Honig (100 g für eine festere Creme)
2 Eiweiß
1 Prise Salz
1 Spritzer Zitronensaft
1 Prise gemahlene Vanille

CRÈME PATISSIÈRE
SCHOKOLADE
CRÈME PATISSIÈRE
MIT FRUCHT

PALEO-GANACHE »3 IN 1«
CRÈME PATISSIÈRE
VANILLE

PALEO-GANACHE »3 IN 1«

ZUBEREITUNG 15 MIN | SCHWIERIGKEIT ★ | AUFWAND ★

Die Paleo-Version eines Patisserieklassikers mit drei Verwendungsmöglichkeiten: Warm ist die Ganache eine dicke Schokosauce; kühlt sie ab, ergibt sie eine wunderbar cremige, glänzende Kuchenglasur; lässt man sie statt auf dem Kuchen in einer Schüssel abkühlen und schlägt sie später mit dem Mixer auf, entsteht eine luftige Creme, die sich bestens zum Dekorieren von Cupcakes und Kuchen eignet. Man sollte für die Ganache in eine sehr hochwertige Schokolade investieren, denn der geschmackliche Unterschied ist erstaunlich. (Abbildung Seite 210)

FÜR 200 G

100 g dunkle Schokolade (70 % Kakaoanteil)
100 g Kokosmilch

Die Schokolade hacken und in eine Schüssel füllen. Die Kokosmilch aufkochen und über die Schokolade gießen. Die Mischung 10 Minuten stehen lassen, dann mit einem Schneebesen zu einer homogenen, glatten Masse verrühren.

Die Ganache als Sauce oder Glasur sofort verwenden. Als Creme für Kuchen oder Cupcakes in einer Schüssel abkühlen lassen. Die feste Creme mit dem Handrührgerät fluffig aufschlagen und sofort weiterverarbeiten.

NÄHRWERT PRO 100 G: 370 kcal, 4 g EW, 32 g F, 19 g KH

3 X CRÈME PATISSIÈRE

Aus Milch, Zucker, Ei und Mehl entsteht eine reichhaltige, vielseitig verwendbare Creme, die sogenannte Crème Patissière, zu Deutsch Konditorcreme. Dieser französische Klassiker passt zu allem, kann aber auch für sich allein stehen. Als Pudding koche ich Crème Patissière mit Schokolade oder Vanille, als Füllung verwende ich sie für Windbeutel (siehe Seite 96) sowie als Basis für Fruchttörtchen oder für Torten. (Abbildung Seite 210)

CRÈME PATISSIÈRE SCHOKOLADE

ZUBEREITUNG 15 MIN | SCHWIERIGKEIT ★ | AUFWAND ★

Die Vanilleschote der Länge nach aufschlitzen und das Mark herauskratzen. 400 ml Nussmilch und nach Belieben 100 ml Kokosmilch oder 500 ml Nussmilch zusammen mit der Vanilleschote und dem Mark aufkochen, dann die Milch vom Herd nehmen und 15 Minuten ziehen lassen. Die Vanilleschote entfernen. Die Schokolade grob zerkleinern und zur heißen Milch geben. Unter Rühren schmelzen lassen, dann glatt rühren.

Das Ei und das Eigelb, den Honig, das Johannisbrotkernmehl, die Tapiokastärke und das Salz in einer Rührschüssel mit dem Schneebesen klümpchenfrei verrühren. Die Milch erneut erhitzen, bis sie fast kocht, dann unter ständigem Rühren in die Ei-Mischung einlaufen lassen. Die glatt gerührte Masse in den Topf zurückgießen und unter Rühren aufkochen.

Anschließend den Topf vom Herd ziehen und die Creme in eine Schüssel umfüllen. Die Oberfläche der Creme mit Frischhaltefolie abdecken und die Masse abkühlen lassen.

Die Creme hält sich in einem luftdicht schließenden Behälter im Kühlschrank 3 Tage.

NÄHRWERT PRO 100 G: 146 kcal, 3 g EW, 9 g F, 12 g KH

FÜR 650 G

1 Vanilleschote
400–500 ml Nussmilch
100 ml Kokosmilch (nach Belieben)
50 g dunkle Schokolade
(70 % Kakaoanteil)
1 Ei
1 Eigelb
4 ½ TL (45 g) Honig
5 g Johannisbrotkernmehl
30 g Tapiokastärke
1 Prise Salz

CRÈME PATISSIÈRE VANILLE

ZUBEREITUNG 15 MIN | SCHWIERIGKEIT ★ | AUFWAND ★

Die Vanilleschote der Länge nach aufschlitzen und das Mark herauskratzen. 400 ml Nussmilch und nach Belieben 100 ml Kokosmilch oder 500 ml Nussmilch zusammen mit der Vanilleschote und dem Mark aufkochen, dann die Milch vom Herd nehmen und 15 Minuten ziehen lassen. Die Vanilleschote entfernen.

Die Eier, den Honig, das Johannisbrotkernmehl, die Tapiokastärke und das Salz in einer Rührschüssel mit dem Schneebesen klümpchenfrei verrühren. Die Milch erneut erhitzen, bis sie fast kocht, dann unter ständigem Rühren in die Ei-Mischung einlaufen lassen. Die glatt gerührte Masse in den Topf zurückgießen und unter Rühren aufkochen.

Anschließend den Topf vom Herd ziehen und die Creme in eine Schüssel umfüllen. Die Oberfläche der Creme mit Frischhaltefolie abdecken und die Masse abkühlen lassen.

Die Creme hält sich in einem luftdicht schließenden Behälter im Kühlschrank 3 Tage.

NÄHRWERT PRO 100 G: 115 kcal, 3 g EW, 68 g F, 12 g KH

FÜR ETWA 750 G

1 Vanilleschote
400–500 ml Nussmilch
100 ml Kokosmilch (nach Belieben)
3 Eier
90 g Honig
10 g Johannisbrotkernmehl
15 g Tapiokastärke
1 Prise Salz

CRÈME PATISSIÈRE MIT FRUCHT

ZUBEREITUNG 15 MIN | SCHWIERIGKEIT ★ | AUFWAND ★

Die Vanilleschote der Länge nach aufschlitzen und das Mark herauskratzen. Das Pfirsichfruchtfleisch und den Zitronenabrieb im Mixer oder mit dem Pürierstab fein pürieren. Die Nussmilch und die Kokosmilch zusammen mit der Vanilleschote, dem Mark und dem Fruchtpüree aufkochen, dann die Milch vom Herd nehmen und 15 Minuten ziehen lassen. Die Vanilleschote entfernen.

Das Ei und das Eigelb, den Honig, das Johannisbrotkernmehl, die Tapiokastärke und das Salz in einer Rührschüssel mit dem Schneebesen klümpchenfrei verrühren. Die Pfirsichmilch erneut erhitzen, bis sie fast kocht, dann unter ständigem Rühren in die Ei-Mischung einlaufen lassen. Die glatt gerührte Masse in den Topf zurückgießen und unter Rühren aufkochen.

Anschließend den Topf vom Herd ziehen und die Creme in eine Schüssel umfüllen. Die Oberfläche der Creme mit Frischhaltefolie abdecken und die Masse abkühlen lassen.

Die Creme hält sich in einem luftdicht schließenden Behälter im Kühlschrank 3 Tage.

TIPP: Auch mit Nektarinen-, Aprikosen- oder Mangofruchtfleisch anstelle des Pfirsichs schmeckt die Creme wunderbar.

NÄHRWERT PRO 100 G: 112 kcal, 4 g EW, 16 g F, 2 g KH

FÜR ETWA 650 G

1 Vanilleschote
250 g Pfirsichfruchtfleisch
abgeriebene Schale und Saft von ½ unbehandelten Zitrone
200 ml Nussmilch
50 ml Kokosmilch
1 Ei
1 Eigelb
70 g Honig
10 g Johannisbrotkernmehl
30 g Tapiokastärke
1 Prise Salz

REGISTER

HERSTELLER & LITERATUR

Jagen und Sammeln – die besten Shopping-Adressen im Netz

Die meisten Zutaten für die Paleo-Bäckerei sind im Bioladen, in gut sortierten Supermärkten und im Asialaden zu bekommen. Was es dort nicht gibt, kann man inzwischen problemlos über das Internet beziehen. Zuverlässige Quellen für alle in diesem Buch verwendeten Zutaten (natürlich mit Ausnahme der frischen Waren) sind folgende:

www.kleine-steinzeit.de
www.paleo-laedchen.de
www.paleo-paradies.de
www.paleowelt.de
www.paleowebshop.de
www.superfoodforyou.de
www.topfruits.de
www.raw-living.de
www.drgoerg.com
www.hanneforth.de
www.keimling.de
www.amazon.de

Zum Weiterlesen

Wer mehr über die Paleo-Ernährung erfahren möchte, findet hier eine Auswahl an interessanten Literaturtipps und Webadressen mit aktuellen, wissenschaftlich fundierten Informationen.

In deutscher Sprache:
Webseite der Deutschen Gesellschaft für Paläo-Ernährung
www.palaeo-gesellschaft.de

Diane Sanfilippo,
Das große Buch der Paläo-Ernährung
(Riva Verlag, München).
www.balancedbites.com (Webseite auf Englisch)

In englischer Sprache:
Loren Cordain, PhD, *The Paleo Diet*
(Houghton Mifflin Harcourt, Boston, USA).
www.thepaleodiet.com

Robb Wolf, *The Paleo Solution*
(Victory Belt Publishing, Las Vegas, USA).
www.robbwolf.com

Mark Sisson, *The Primal Blueprint*
(Primal Nutrition Inc., Philadelphia, USA).
www.marksdailyapple.com

Sarah Ballantyne, PhD, *The Paleo Approach – Reverse Autoimmune Desease, Heal Your Body*
(Victory Belt Publishing, Las Vegas, USA).
www.thepaleomom.com

Dallas und Melissa Hartwig, *It Starts With Food*
(Victory Belt Publishing, Las Vegas, USA).
www.whole9life.com

IMPRESSUM

Produktmanagement: Franziska Sorgenfrei
Textredaktion: Gundula Müller-Wallraf
Korrektur: Susanne Langer
Layout und Satz: Silke Schüler
Umschlaggestaltung: Eva M. Salzgeber
Repro: Repro Ludwig, Zell am See
Herstellung: Bettina Schippel
Rezepte und Texte: Karine Gohr
Nährwertberechnung: Susanne Gottschlich
Fotografie: Maria Brinkop

Printed in Italy by Printer Trento S.r.l.

Unser komplettes Programm finden Sie unter

www.christian-verlag.de

Wir danken »nostalgie im Kinderzimmer« (www.nostalgieimkinderzimmer.de) ganz herzlich für die Requisiten.

★★★★★

Sind Sie mit diesem Titel zufrieden? Dann würden wir uns über Ihre Weiterempfehlung freuen. Erzählen Sie es im Freundeskreis, berichten Sie Ihrem Buchhändler oder bewerten Sie bei Onlinekauf. Und wenn Sie Kritik, Korrekturen, Aktualisierungen haben, freuen wir uns über Ihre Nachricht an:

Christian Verlag
Postfach 40 02 09
D-80702 München
oder per E-Mail an lektorat@verlagshaus.de

Alle Angaben dieses Werkes wurden von der Autorin sorgfältig recherchiert und auf den neuesten Stand gebracht sowie vom Verlag geprüft. Für die Richtigkeit der Angaben kann jedoch keine Haftung übernommen werden.

Die Deutsche Nationalbibliothek verzeichnet diese Publikation in der Deutschen Nationalbibliografie; detaillierte bibliografische Daten sind im Internet über http://dnb.d-nb.de abrufbar.

ISBN 978-3-86244-758-9

DANKSAGUNG

Das vergangene Jahr hat mich ein bisschen an die Schwangerschaft mit meiner Tochter erinnert: Die unfassbare Freude, dass sich ein Traum erfüllen soll; sich voller Begeisterung auf Vorbereitungen zu stürzen; schlaflose Nächte vor Aufregung; das Gefühl, dem Ganzen nicht gewachsen zu sein, je näher der Termin rückt – und dann das Staunen, wenn man das Baby zum ersten Mal im Arm hält! Tausend Dank an alle, durch deren Unterstützung aus einer Idee ein Buch werden konnte!

Sebastian: Danke für alles, besonders dafür, dass Du zu jedem Rezept einen qualifizierten Kommentar abgegeben hast, auch wenn für Dich mit einem »Mmmhhh … schmeckt gut!« eigentlich alles gesagt war.

Mireia und Emilian: Ihr beiden macht den Küchentisch zur Spielwiese und Backen zum Abenteuer: Mehlstaub in der Luft, Eier auf dem Boden, kleine Schokohände an den Küchenschränken – und leuchtende Augen, wenn der Kuchen endlich aus dem Ofen darf. Mit Euch die Küchenschätze meiner eigenen Kindheit auszugraben, für Euch neue Traditionen zu beginnen und alte fortzusetzen, ist ein unerwartetes, wunderbares Highlight meines Mama-Daseins. Danke für jeden Tag mit Euch!

Oma: Du hast nie gefragt oder infrage gestellt. Du warst einfach da und hast uns ein Zuhause gegeben. In meinem Leben bist Du die Konstante und Du bedeutest mir die Welt. Ich danke Dir für so viel mehr als für Apfelkuchen und Weihnachtsplätzchen.

Isabelle: Du hast es immer gesagt: »Schreib doch ein Kochbuch!« Jetzt ist es so weit. Danke fürs Ermutigen, fürs Aufmuntern, für unermüdliche Nachfragen und für Care-Pakete in verrückten Zeiten … die Schokorezepte sind extra für Dich mit sehr viel Liebe erdacht.

Erika: Als ich Dir von diesem Buch erzählte, hast Du sofort Dein Notizbuch mit den handgeschriebenen Rezepten geholt und mir einen dicken Umschlag mit Ideen geschickt. Danke, dass Du mich an Deinen Rezeptschätzen hast teilhaben lassen – Dein leckerstes Tortenrezept hat seinen wohlverdienten Ehrenplatz bekommen. Danke für Deine Begeisterung und Unterstützung!

Miriam: Du warst die Initialzündung. Mit Deinem Enthusiasmus, Deinen klugen Ideen und Deinem Auge fürs Foto wurde aus einem Konzept eine Präsentation – besser als ich es mir je hätte träumen lassen. Du hast Dich mit mir gefreut, mich angefeuert und mir stets zur Seite gestanden – danke für all das und mehr!

Ebenfalls erhältlich ...

ISBN 978-3-86244-590-5

PALEO kann dein Leben verändern! Keine Diät sondern die perfekte Ernährung für Gesundheit & Fitness. Einfach erfahren, wie gut PALEO tut und schmeckt!

ISBN 978-3-86244-754-1

PALEO ist mehr als die moderne Steinzeiternährung. PALEO ist ein Lebensgefühl! Mit 120 neuen Rezepten und einem Programm für Bewegung und Erholung.